Wolf-Andreas Liebert, Werner Moskopp (Hg.)

Die Selbstermächtigung der Einzigen

Existenz und Autonomie

herausgegeben von

Prof. Dr. Wolf-Andreas Liebert

(Universität Koblenz-Landau)

und

Dr. Werner Moskopp

(Universität Koblenz-Landau)

Band 1

LIT

Wolf-Andreas Liebert, Werner Moskopp (Hg.)

Die Selbstermächtigung der Einzigen

Texte zur Aktualität Max Stirners

LIT

Gedruckt auf alterungsbeständigem Werkdruckpapier entsprechend
ANSI Z3948 DIN ISO 9706

Bibliografische Information der Deutschen Nationalbibliothek
Die Deutsche Nationalbibliothek verzeichnet diese Publikation in der
Deutschen Nationalbibliografie; detaillierte bibliografische Daten sind
im Internet über http://dnb.d-nb.de abrufbar.

ISBN 978-3-643-12454-8

© LIT VERLAG Dr. W. Hopf Berlin 2014
Verlagskontakt:
Fresnostr. 2 D-48159 Münster
Tel. +49 (0)2 51-62 03 20 Fax +49 (0)2 51-23 19 72
E-Mail: lit@lit-verlag.de http://www.lit-verlag.de

Auslieferung:
Deutschland: LIT Verlag Fresnostr. 2, D-48159 Münster
Tel. +49 (0)2 51-620 32 22, Fax +49 (0)2 51-922 60 99, E-Mail: vertrieb@lit-verlag.de
Österreich: Medienlogistik Pichler-ÖBZ, E-Mail: mlo@medien-logistik.at
E-Books sind erhältlich unter www.litwebshop.de

Inhalt

Einleitung 7
Wolf-Andreas Liebert/Werner Moskopp

Max Stirner's Political Ethics of Voluntary Inservitude 31
Saul Newman

Stirners Konzept von „Selbstermächtigung".
Von der Überwindung der Entfremdung, über die Freiheit
hin zur Eigenheit 67
Maurice Schuhmann

Der Anteil des Einzigen am Verschwinden des subjektiven
Faktors. Eine Fortsetzung zu Marxismus und Subjektivität 81
Wolfgang Eßbach

Postskriptum 2013 122
Wolfgang Eßbach

Individuelle Selbstermächtigung und rationales Über-Ich.
Max Stirner als psychologischer Denker 127
Bernd A. Laska

Max Stirner, seine Vorläufer, seine Schreibtechnik, sein
Bestiarium und die Geschichte der Reaktion 165
Jean-Claude Wolf

Wolf-Andreas Liebert/Werner Moskopp

Einleitung

Unsere gegenwärtige Kultur kann als eine Kultur der Selbstermächtigung verstanden werden:

> Der Begriff ‚Selbstermächtigung' hat sich in jüngster Zeit zu einem Deutungsbegriff für eine sich ausbreitende normativ-politische (Protest-) Einstellung in ‚spätmodernen' Gesellschaften entwickelt. Er umreißt eine generelle Unzufriedenheit mit den institutionellen Rahmenbedingungen, den damit verbundenen Machthierarchien und der daraus resultierenden ‚Entmündigung' des ‚normalen Bürgers' und fordert – selbstbewusst und offensiv – dazu auf, sein Schicksal in die eigene Hand zu nehmen, seine individuellen Ansprüche nicht nur zu formulieren, sondern auch – aktiv – durch ‚Selbsttätigkeit' umzusetzen –, auch wenn dies bedeutet, gegen die eingespielten Regeln und etablierten Strukturen der institutionellen Ordnungen zu verstoßen. Noch mehr: Selbstermächtigung heißt zunehmend, die vorgegebenen Institutionen und damit die institutionelle Ordnung ‚spätmoderner' Gesellschaften bewusst in Frage zu stellen und in letzter Konsequenz durch neue Formen der ‚freien' Selbstorganisation zu überwinden. (Albrecht/Gebhardt/Geulen/Liebert 2012)

In den Phänomenbereich der Selbstermächtigung fallen ganz unterschiedliche Aspekte – wie etwa esoterische und spirituelle Vereinigungen, politische Aktionen (Occupy-Bewegung, T.A.Z. etc.), Aussteigermentalitäten, alternative Lebensentwürfe –, sodass sowohl die eindeutige Bestimmung des Begriffs als auch die empirische Aufarbeitung der Phänomene problematisch bleiben. Prototypische Modelle für ausgezeichnete Gegenstände der Selbstermächtigung können jedoch aus historischen Vorbildern extrahiert werden: Die anarchistische Theorie liefert eine Reihe von föderalen Entwürfen oder mit Stirners Konzept des ‚Vereins'[1] sogar eine Beschreibung der Gemeinschaft von ‚Egoisten', die also eine (Selbst-) Anwendung auf entsprechende Tendenzen rechtfertigen könnte. Die Gefahr bei der Verwendung dieser Schemata liegt allerdings in der emotionalen und politischen Aufladung der Begriffe ‚Macht/Ermächtigung', ‚Anarchie', ‚Egoismus' oder ‚Selbstverwirklichung' im alltäglichen Sprachgebrauch, die sich von den konzeptuellen Einbindungen in die ursprünglichen Theorien drastisch abhebt. In den Beiträgen dieses Buches geht die programmatische Bedeutung dem common-sense voraus, um etwa den gängigen, negativ konnotierten Begriff der ‚Anarchie', der meist ausschließlich mit Formen der ‚Philosophie der Tat' (Bakunin), Sabotageakten, Chaos und Terroranschlägen assoziiert wird, für die aktuellen Überlegungen bzgl. progressiver Alternativen des gesellschaftlichen Miteinanders zu erschließen. Diese Entwicklung wurde möglicherweise durch eine kommunistische Diskreditierung gehemmt, die ausgehend von den Unruhen der ‚schwarzen Flaggen' bei Kropotkins inszenierter Beerdigung bis zu einer Vernachlässigung weiter Teile der philosophischen Kreise der Links-/Junghegelianer führte, die eben nicht durch Marx-Affinität aufgefallen sind. Der Umgang mit anarchistischen Konzepten bestätigt heute jedoch nach wie vor die von Herbert Marcuse (1994) diagnostizierte ‚Eindimensionalität' der (neo-) liberalen/kapitalistischen Gesellschaft, in der Mode, Werbung und Jugendbewegungen jede Form von Kritik durch eine kapi-

---

[1] Das Scheitern des Vereins von Egoisten um die Jahrhundertwende vom 19. zum 20. Jahrhundert weist aufschlussreiche Parallelen zu heutigen Bewegungen auf (vgl. Fleming 2003b, S. XVII).

talistische Adaption spielerisch zurück in die Akzeptanz des Mainstreams befördern.[2]

Beschäftigen sich seit einigen Jahren auch wieder Politologen, Soziologen und Philosophen wissenschaftlich mit den Arbeiten der sog. ,kritischen Kritik' und den Anfängen des anarchistischen Denkens in Europa, so konnte man Max Stirner lange Zeit nur unzureichend verorten, denn schließlich wollte er gerade keine wissenschaftlich erfassbare Arbeit, kein Manifest für eine Menge schreiben. Trotzdem erlangte *Der Einzige und sein Eigentum* (im Folgenden: EE) seit der (aus strategischen Gründen vordatierten) Veröffentlichung 1845 in einem Turnus von ca. 40 Jahren regelmäßig eine enorme Popularität, um anschließend wieder fast vollständig aus dem öffentlichen Bewusstsein zu verschwinden. Vielleicht rühren daher die enorm voneinander abweichenden Einschätzungen des Buches, abhängig von den Phasen des zyklischen Bedeutungswandels. So kann die affirmative Rezeptionsintensität von EE als Indiz für die Grade der Selbstorganisations- und Selbstverwirklichungstendenzen einer Gesellschaft gelesen werden und tritt nicht ohne Grund auch heute wieder in den Fokus des Zeitgeistes, „denn dieses Buch ist Leben selbst" (Mackay 1914, S. 158).

Das Leben Max Stirners/Johann Caspar Schmidts[3] wurde Ende des 19. Jahrhunderts von John Henry Mackay (1914) aufgear-

---

[2] Für das Projekt „Selbstermächtigung" muss also (im Sinne Foucaults) simultan danach gefragt werden, wozu es dienen kann, dass wir glauben, in einer Zeit der Selbstermächtigungsphänomene zu leben.

[3] Gustav Mayer weist darauf hin, der Mädchenschullehrer „Max Stirner war ein vorsichtiger Herr" (Mayer 1969, S. 95), dessen Autorenschaft der Polizei nur unter (berlinisch) „Styrna" (vgl. ebd., S. 65 f.) bekannt gewesen sei (zu

beitet und in einer dreigliedrigen Biographie (Aufstieg 1806–1844, Höhe 1844–1846, Niedergang 1846–1856) publiziert. Wie vage bzw. spekulativ einige Angaben sind, dokumentiert ein Interview, das Mackay mit der Witwe Stirners – die 1843 ‚hastig' geschlossene zweite Ehe Stirners wurde bereits 1850 aufgelöst –, Marie Dähnhardt, in Moskau führen durfte.[4] Eine Reihe von Erzählungen und Vorurteilen vermischt sich mit wenigen authentischen Quellen und hinterlässt für das gesamte Leben Stirners eine unscharfe Kontur, die sich sinnbildlich in der Portraitierung durch Friedrich Engels widerspiegelt. Ob der gespannte Lebensbogen Stirners tatsächlich ein globales Maximum durchläuft, ist sicherlich Ansichtssache; die Kulmination von Werk und Leben ist wohl eher im Scheitern offensichtlich: Die Kenntnisse der (National-) Ökonomie und die Befürwortung einer egoistischen Vereinsstruktur führen in eine finanzielle und existentielle Lebenskrise, die die letzten Jahre von Stirners Leben überschattet. Spekulationen mit dem Vermögen des ‚Liebchens' in Form von Investitionen in eine Milchfabrik schlugen fehl, raubten die sicher geglaubte Existenzgrundlage und beeinflussten die schriftstellerischen Tätigkeiten empfindlich. Stirner wird häufig als vir unius libri betitelt,

---

Mayers Anmerkungen zur egoistischen Kampfkraft von EE vgl. ebd., S. 104 ff.). Ernst Bloch (1993, S. 663) schätzt Stirners Temperament entsprechend eher als das eines wilden Oberlehrers denn als das eines Löwen ein.

[4] Vgl. http://www.lsr-projekt.de/mackay.html (Stand: 04.01.2013); vgl. auch: www.max-stirner-archiv-leipzig.de/dokumente/Ruest.doc (Stand: 04.01.2013).

doch neben EE sind heute einige weitere Schriften[5] verbürgt und seriös ausgewertet, wodurch eine Art ‚Triangulation' zu einer neuen Einschätzung der Wahrhaftigkeit des Autors beitragen kann.

Methodisch arbeitet Stirner in EE zunächst – sowohl in seinem onto- als auch in seinem phylogenetischen Ansatz – ganz offensichtlich im Dienste der Hegel'schen Dialektik, doch kommt eine entscheidende Argumentationsfigur hinzu, die auf ähnliche Weise in der Philosophie des 20. Jahrhunderts von konstruktivistischen Autoren verwendet wird: Die Grundlage für sämtliche Zweck-, Ziel- und Wertsetzungen bildet eine (zirkuläre) Selbstverstärkung, die dem Prinzip der freiwilligen Knechtschaft von Étienne de la Boëtie zu entsprechen scheint. Sobald eine Person sich einem Zweck verschreibt, der nicht in ihr selbst liegt, begibt sie sich freiwillig unter die selbstgesetzte Fremdherrschaft des Zwecks. Das Instrumentarium für dieses Spiel von ‚Herr und Knecht' gibt die Moral an die Hand, aus der heraus eine Suggestion des Gehorsams gleichsam in Formen der Pflicht, der Nötigung und des Imperativischen durch ‚die' Vernunft erhoben werden kann. Alles, was hier in abstrakten Begriffen als Wert zum Tragen kommt, wird von Stirner formal als selbstgewollte Heteronomie gekennzeichnet und abgelehnt:

> Das egoistische Ich steht gegen die überpersönlichen Mächte der Welt. Die Eigenart der egoistischen Weltüberwindung besteht darin, daß Ich, die Wirklichkeit der weltlichen, widerständlichen Gewalten anerkennend, sie übernehme und durch die Art und

---

[5] Insbesondere im Leipziger Max-Stirner-Archiv: http://www.max-stirner-archiv-leipzig.de/max_stirner.html (Stand: 04.01.2013).

Weise des egoistischen Weltverhaltens sie Mir aneigne. (Cuypers 1937, S. 48)

Der Argumentationsgang in EE entstammt einer Tradition der nominalistischen Philosophie, die in Allgemeinbegriffen wie ‚der Mensch', ‚Menschheit', ‚Humanismus', ‚Gott', ‚Freiheit' etc. lediglich eine Art flatus vocis zu erkennen glaubt; die Begriffe haben keinen konkreten Bedeutungsgegenstand in der Realität. Interpretieren wir etwa demgemäß – retrospektiv – Stirner als einen Vorläufer der Radikalen Konstruktivisten, wozu seine Pädagogik nachdrücklich Anlass bietet, so fügen sich auch Verein und Sozialanthropologie nahtlos in die Grundfigur der oben beschriebenen Dekonstruktion von Herrschaftsmythen ein: Ließe sich der Verein Stirners nämlich als Zugeständnis an den ohnehin notwendigen fiktionalen Charakter sozialer Gefüge interpretieren, so würde er zugleich die Narration des Kontraktualismus als einen moralischen Fremdherrschaftsapparat enttarnen. Nach Stirner wird in anarchistischer Auffassung jedes menschliche Wesen bereits ohne eigene Zustimmung in eine Gemeinschaft hineingeboren und kann sich erst dann als Individuum entfalten – dies ist der revolutionäre Akt –, wenn es sich aus der Gemengelage der Sozietät befreit und nun aus freien Stücken wieder diejenigen Verhältnisse eingeht, die es für sich selbst als wertvoll erachtet. Wir finden hier einen psychologischen Egoismus[6] in enger Verbindung zu einem systemischen

---

[6] Es ergibt sich für jeden deskriptiven Ansatz des Egoismus eine auf den ersten Blick paradoxe Situation: Wählt man einen ausschließlich moralistischen Blick, so muss der Egoismus des Anderen einen fatalen Eindruck hinterlassen. Anerkennung, Selbstzweck, kurz: die Grundwerte der altehrwürdigen humanistischen Tradition werden vernachlässigt. Die Hilfestellungen

Egoismus mit hedonistischem Nützlichkeitskalkül vor. Weltorientierung und Sinnstiftung scheinen sich ausschließlich in dem zu verkörpern, was die Einzige[7] eben ist und was sie mit ihrer gesamten Existenz in exakt der je vorgefundenen Lebenswelt tun will. Diese ursprüngliche Tathandlung erinnert an transzendentale Momente der Selbstbestimmung, ist aber explizit nicht fichteanisch konzipiert (vgl. EE, S. 199). Möglicherweise wurde jedoch die (voridealistische) transzendentale Apperzeption Kants an diesen Stellen weitergedacht, sodass die in Heß' Brief an Marx getätigte, abfällige Bemerkung, Stirner sei selbst Denker eines „idealistischen ‚Unsinn[s]'" (Fleming 2003b, S. X) tatsächlich zu kurz greift. Trotzdem nähern sich später besonders die Sprachkritik Mauthners, die mystischen Züge des Sozi-

---

Kefersteins *Zur Frage des Egoismus* (1897) gegen den Generalegoismus (ebd., S. 28) helfen nicht, seine pädagogischen Tipps (ebd., S. 31 ff.) müssen geradezu fehlschlagen (Bsp.: „Vermeide alles, was die natürlichen Neigungen und Bedürfnisse deines Kindes künstlich steigern könnte." (ebd., S. 31)). Die eigentliche ‚empörerische' Energie kommt zwar ebenfalls von innen, die Manifestation des Stirner'schen Egoismus hingegen wird nicht in den Auflistungen der Egoismusvariationen (vgl. ebd., S. 26 ff.) und auch nicht durch die Darstellung des „natürlichen Egoismus" (Hanspaul 1901) erschöpft. Diese Formen des Egoismus müssen nach Joseph Butlers „Sermons" (1970, S. 99–110) sinnvollerweise selbst als rationale Strategien verstanden werden. Gehen wir jedoch von der Beschreibung eines psychologischen Egoismus aus, so haben wir gleichermaßen eine qualitative phänomenologische Überzeugungskraft wie auch den theoretischen Hintergrund für sämtliche kontraktualistische Gesellschaftsauffassungen vorliegen. Trotzdem können wir differenzieren zwischen Handlungen, die uns Freude bereiten, weil wir uns oder weil wir anderen Wohlwollen bereitet haben (vgl. Hoerster 2003).
[7] S. dazu die ‚Vorarbeiten' Stirners zu diversen existentialistischen Positionen (vgl. EE 1972, S. 78 & S. 130, vgl. auch Helms 1966, S. 69). Für den Poststrukturalismus lässt sich zeigen, dass EE sich der Herrschaft des Biologismus oder der Genderkonstruktionen entzieht. Entsprechend finden wir bei Irigaray (1979) die Ermächtigungsmetapher eingesetzt.

alistischen Bundes oder etwa Rudolf Steiners Anthroposophie an die dunklen Stellen von EE an. Wir können in dieser Bemühung um eine philosophiehistorische Kategorisierung über viele Positionen spekulieren, Stirner entzieht sich dem unreflektiert Forschenden letztlich doch, denn „kein Begriff drückt Mich aus, nichts, was man als mein Wesen angibt, erschöpft mich" (EE, S. 412). Stirner ist also kein Idealist, er ist kein Liberaler, kein Lump, kein Revolutionär, kein Magier/Mystiker, weder Humanist noch Misanthrop. Mehr scheint aus den Historisierungsversuchen an dieser Stelle wohl nicht gewonnen werden zu können, doch gibt es über das zitierte argumentum e silentio hinaus einige systematische Muster, die für die Erforschung der Selbstermächtigungsphänomene aufschlussreich sind. Der Begriff ‚Selbstermächtigung' fällt in EE freilich an keiner Stelle, existierte wahrscheinlich aber bereits zu seinen Lebzeiten (Liebert, im Druck). Er selbst hat die entsprechenden reflexiven Verben ‚sich selbst ermächtigen' benutzt:

(1) Berechtigt oder Unberechtigt – darauf kommt Mir's nicht an; bin Ich nur mächtig, so bin Ich schon von selbst ermächtigt und bedarf keiner anderen Ermächtigung oder Berechtigung. Recht – ist ein Sparren, erteilt von einem Spuk; Macht – das bin Ich selbst, Ich bin der Mächtige und Eigner der Macht. (EE, S. 230)

(2) Was ist also mein Eigentum? Nichts als was in meiner Gewalt ist! Zu welchem Eigentum bin Ich berechtigt? Zu jedem, zu welchem Ich Mich – ermächtige. Das Eigentums-Recht gebe Ich Mir, indem Ich Mir Eigentum nehme, oder Mir die Macht des Eigentümers, die Vollmacht, die Ermächtigung gebe. Worüber man Mir die Gewalt nicht zu entreissen vermag, das bleibt mein Eigentum; wohlan so entscheide die Gewalt über das Eigentum, und Ich will alles von meiner Gewalt erwarten! Fremde Gewalt,

Gewalt, die Ich einem anderen lasse, macht Mich zum Leibeige-
nen; so möge eigene Gewalt Mich zum Eigner machen. Ziehe Ich
denn die Gewalt zurück, welche Ich anderen aus Unkunde über
die Stärke meiner eigenen Gewalt eingeräumt habe! Sage Ich
Mir, wohin meine Gewalt langt, das ist mein Eigentum, und
nehme Ich alles als Eigentum in Anspruch, was zu erreichen Ich
Mich stark genug fühle, und lasse Ich mein wirkliches Eigentum
so weit reichen, als Ich zu nehmen Mich berechtige, d. h. –
ermächtige. (EE, S. 284 f.)

‚Was' Stirner ist, ergibt sich nämlich möglicherweise nicht aus
der Vergegenständlichung, sondern aus dem performativen Akt
seines Denkens: Er ist trivialerweise ‚mein' Gedanke, Gedanke
des Eigners, der ‚ich nun selbst unsagbar bin'. Gehen wir für
einen Moment davon aus, dass Stirner die Plagiierung seiner
Gedanken jedem anheim gestellt hätte, der sich gerissen genug
denkt, um damit durchzukommen. Ließe sich nicht die Unsag-
barkeit dieser Lesart mit Heideggers Parataxe „Sein und Grund:
das Selbe" (Heidegger 1997, GA 10, S. 78) verbinden und in den
transzendental-kritischen Ansatz Kants hineindenken? Der
Einzige würde damit als formale Selbigkeit in den Status einer
philosophia perennis erhoben, deren unhintergehbare Grund-
struktur die ewige Wiederkunft des transzendentalen Ego bildet – d. h. des formalen ‚Ich denke' eines jeden Bewusstseins.[8]

Was bei Hegel noch zur unzulänglichen Formalität gerechnet
und vom ‚kühlen Strom' der materialen Dialektik außer Acht
gelassen wurde, greift Jean-Claude Wolf als einen mystischen
Zug des Stirner'schen Denkens auf: „Individuum est ineffabile."

---

[8] Vgl. Vendler (1984) für eine aktuelle Aufarbeitung des transzendentalen
Selbst in unserem Sinne.

(Vgl. Wolf 2008, S. 22 und EE, S. 201)[9] Der Mensch stirbt, das Ich, besser: der Einzige, stirbt nie. Dieses Denken zeigt sich derart transzendental, formal und allgemein, dass es simultan das Konkreteste und Begreiflichste beschwört, auf das wir uns denkend besinnen können. Unter dieser Perspektive kann sogar Ruests hermetisch auftretende Interpretation geradezu einleuchtend wirken:

> So seltsam, so befremdlich, so durchaus para-dox es klingt, – wirklich alle zirkulierende Meinung über diesen vollständigsten ‚Atheisten‘, der, wie der fromme Jurist Joseph Kohler sagt, ein geradezu ‚verruchtes‘ Buch geschrieben habe, ins Gegenteil verkehrend: was Stirner im ‚Einzigen‘ beständig als letzten Sinn, als Ziel vor Augen hat, ist nichts anderes als – Gott... (Ruest 1924, S. 6)

Es ist möglich, in diesen Ausführungen Ruests den Stirner der 20er Jahre des 20. Jahrhunderts zu erkennen, in einer Zeit, in der Ebner, Rosenzweig und Buber die sozialistische Mystik der Qualia in ein Zwischen der Begegnung hinein beschwören: Besinnung und Umkehr führen sogar zur Bildung eines christlichen Sozialismus im Kreis um Paul Tillich. Die Rezeption Stirners vor dem Hintergrund solcher (individual-) anarchistisch inspirierter Modelle wurde, wie bereits erwähnt, mit Mackays Forschungen begonnen. In diesen Interpretationsmustern lassen sich wiederum Anleihen aus der mystischen oder sogar henologischen Tradition der Philosophie wiederfinden, die sich etwa über Emerson, Thoreau und Tucker einen Umweg zurück

---

[9] „Der Schritt darüber hinaus führt ins *Unsagbare*. Für mich hat die armselige Sprache kein Wort, und ‚das Wort‘, der *Logos*, ist mir ein ‚bloßes Wort‘." (EE 1972, S. 201)

in das Bewusstsein der gesellschaftskritischen Bewegungen Europas bahnten.[10] Möglicherweise ist die immoralistische Tendenz Stirners auf diese Weise sogar besser zu kanalisieren als durch politische oder sozialphilosophische Zugänge, denn der sich vervollkommnende Einzige kann moralisch nicht fehlgehen, er schafft sich ja schließlich selbst nach seinem Gutdünken. Die frühe junghegelianische Replik auf Stirner konnte durch das eigene ‚umstürzlerischere' Gebaren, weitestgehend basierend auf materialistischen und ökonomischen Entwürfen und Menschenbildern, nicht auf diese Tiefendimension zugreifen – obwohl auch der Kreis ‚der Freien' EE zunächst gefeiert haben soll, wenn man Alfred Meißners Autobiographie Glauben schenkt (vgl. Ruest 1924, S. IV). Die ersten Rezensionen der

> vier Kritiker dokumentieren anschaulich, wie weit sich Stirner von den Vorstellungen der Junghegelianer, einschließlich Heß und Feuerbach entfernt hat und wie sein Denken ihnen gegenüber eine Konkretheit gewonnen hat, die sich so radikal von ihren Vorstellungen abhebt, dass sie seinen Überlegungen nicht mehr zu folgen bereit sind oder besser: es nicht können. (Fleming 2003b, S. XXXIV)

Sind die Diskursstrukturen auch „ähnliche oder identische" (ebd., S. XXXV), so bestimmen die „feststellbaren Unsicherheiten" (ebd.) der Rezensenten das Bild von EE in der Öffentlichkeit. Engels urteilt später über die anarchistische Variante der Revolutionäre in den 1840er Jahren:

---

[10] Für eine solche Tendenz vgl. auch Cioran (2008, S. 400, S. 409, S. 1149 & S. 1611).

Eine Wiedergeburt hat Stirner erlebt durch Bakunin, der übrigens zu jener Zeit auch in Berlin war [...]. Die harmlose, nur ety-
mologische Anarchie [...] hätte nie zu den jetzigen anarchistischen Doktrinen geführt, hätte nicht Bakunin ein gut Teil
Stirnerscher „Empörung" in sie hineingegossen. Infolgedessen
sind die Anarchisten denn auch lauter „Einzige" geworden, so
einzig, daß ihrer keine zwei sich vertragen können. (MEW 1967,
S. 293)

Vom Standpunkt der Initiierungsabsichten einer internationa-
len Arbeiterrevolution lässt sich dieser Aspekt sicher leicht
nachvollziehen. Die ‚Empörung‘ ist aber mit Sicherheit nicht als
Massenbewegung angelegt und auch keine prometheische
Schmiede eines neuen Menschengeschlechts.[11] Vielmehr zeichnet sich eine radikale Ideologiekritik Stirners ab (vgl. Henning
1996, S. 31), in der es eben nicht ausschließlich um die äußeren
Zwänge geht, derer man sich entledigen soll, sondern um das
Entbinden vom Sollen qua Heteronomie überhaupt. Wie Apel in
seinem Aufsatz *Der postkantische Universalismus in der Ethik im
Lichte seiner aktuellen Mißverständnisse* (1990, S. 155 ff.) beschreibt, gibt es vielfältige postmoderne (und individual-
anarchistische) „Aufstände" (vgl. ebd., S. 156) gegen die univer-
salistische Moralphilosophie. Mit der Untersuchung von Selbst-
ermächtigungskonzepten bewegen wir uns ohne Zweifel im
Rahmen dieser Debatte um den metaethischen Status von Werten, Normativität und Verbindlichkeit und finden bezeichnen-
derweise in der Positionierung des Radikalen Konstruktivismus annähernd die gleichen Charakteristika wie bei Stirner

---

[11] Vgl. zu diesem Gedanken Türkdogan (2002, S. 43).

vor.[12] Die Selbsterschaffung des Individuums ex nihilo – sozusagen als formale Forderung mit antilogischem, antinomischem Anstrich – entspricht wohl heute mehr denn je den didaktischen Konzepten (vgl. Henning 1996, S. 32) der konstruktivistisch ausgerichteten Rahmenlehrpläne in Mitteleuropa. Es wäre daher ein schwerwiegender Fehler, dem Kreis ‚der Freien' aus heutiger Perspektive eine naive Weltanschauung unterstellen zu wollen oder gar die politischen Bewegungen der 1840er Jahre auf wissenschaftlich unzulängliche anthropologische Konzepte zurückzuführen, etwa weil man hier immoralistische Einschläge vermutet.

Das Werden des bewussten Denkens schüttelt vielmehr mit Stirner – im Versuch, die eigene Prozessualität zu fassen – die Heteronomie der Vernunftmoral vollständig ab und bildet Anknüpfungspunkte für eine esoterische Linie der Selbstermächtigungsphänomene des 21. Jahrhunderts. Die Lesart „Stirner als (von Landauer überwundener) gottloser Mystiker", wie sie u. a. von Türkdogan (2003, S. 43) in einer Rezension von Joachim Willems Buch *Religiöser Gehalt des Anarchismus und anarchistischer Gehalt der Religion?* (2001) thematisiert und kritisiert wird, birgt für uns zugleich einen reichen Fundus an Forschungsperspektiven wie auch an Gefahren, etwa den zerstörerischen Aspekt in EE zu übersehen.

Wo die Selbstermächtigung zum oben angedeuteten ‚Denken des Selben' avanciert, dort müssen genitivus obiectivus und

---

[12] So beschwören etwa von Glasersfeld (1997) und von Förster (1993) eine Tradition, die durchaus als anti-realistisch, anti-naturalistisch, non-deskriptivistisch, pragmatizistisch usw. nachgezeichnet werden kann.

genitivus subiectivus dieses Ausdrucks in gleicher Weise berücksichtigt werden: Schon Stirner setzt nämlich sowohl einen destruierenden als auch einen produzierenden Impuls frei, die allerdings beide aus ein und derselben Quelle entspringen. Die Empörungsproduktivität resultiert erst aus der Zerstörung unserer freiwilligen Knechtschaft in Gestalt vorgängiger nominalistischer Selbstentmächtigungen, wenn wir an dieser Stelle Stirner und Nozick (1974, S. 51 f.) verbinden dürfen. Eine ‚sexy Ziellosigkeit‘, wie sie im Rahmen der Selbstermächtigung auftritt, wäre also nach Stirner nichts anderes als ein ‚spooky circle‘, in dem die Selbstermächtigung durch die Instrumentalisierung der eigenen Besinnung wiederum zur freiwilligen, aber ‚ohnmächtigen‘ Selbstentledigung überführt wird. Gegen eine Trennung von Begriff und Existenz der Empörung (vgl. Ahlrich in Stirner 1972, S. 461) spricht ein auf den ersten Blick nicht nachvollziehbarer ‚Realismus‘ des Nominalisten Stirner. Dieses Problem lässt sich jedoch lösen, wenn eine idealistische Variante des Realismus nach Fichte oder sogar der später entwickelte Realitätsbegriff von Peirce für die Interpretation von EE herangezogen, und der Einzige als zwischen Weisheit[13] und Wahnsinn[14] schwebend ausgelegt wird.

Der Wahnsinn in der Stirnerrezeption zeigt sich in der faschistischen ‚Gleichschaltung‘ des Buches EE: Der „Naziprofessor"[15]

---

[13] Mackay setzt Stirner mit dem Einzigen gleich und ist überzeugt davon, dass „man [...] in früheren Zeiten einen solchen Menschen einen Weisen" (Mackay 1914, S. 89) nannte.
[14] Können Stirners Ideen als Wahnsystem gelten? (Vgl. Schulze in Mackay 1914, S. 21) Ist EE etwa zu absurd, um gefährlich zu sein, wie die Zensur behauptete? (Vgl. Petschko 1996, S. 42 Fußnote 4)
[15] So Helms (1966, S. 473).

Emge (1963, S. 1278) nutzt zur Differenzierung in seinem Schlusswort die Unfassbarkeit der Noumena. Im Vergleich zur ‚Habhaftigkeit' der leiblichen Manifestationen wird Stirner in eine nicht sofort einleuchtende Nähe zu den Tugendethikern gebracht, denn der Prozess der Problemlösungen sei für das Individuum unsagbar und unabschließbar, das also dazu ‚verdammt' sei, zu theoretisieren, zu verallgemeinern, zu normieren, kurz: frei und sich selbst aufgegeben zu sein (vgl. ebd., S. 1279).

> Die These Stirners, auch wenn man sie unbestimmt, mit ihren diversen Variablen erkannt hat, verlangt eben im Direktiven ihren ganz persönlichen Platz. Den zu suchen, dazu sollten diese Gedanken anregen. (Ebd.)

In der zugehörigen Fußnote zu dieser Passage deutet Emge an, dass er Freges „Auffassung über die Beziehung des Urteils zu Variablen" (ebd.) verwendet wissen möchte, um u. a. die Unvergleichbarkeit von Einzigen zu festigen. Diese Auffassung des Einzigen als All-Einzigem, dessen Entfaltungsmöglichkeit jedes denkende Wesen in sich hat, ist eine unnötige Obskurität im ‚Universalienstreit' um den Status des Einzigen. Vielmehr könnte ebenso plausibel ein methodischer Solipsismus, ein Radikaler Konstruktivismus oder eine anarchistische Willenslehre als Ausgangsbasis für das selbstbewusste Auftreten des Einzigen herangezogen werden: Das ‚Wer' bildet dann ein Ein-Einziger, der ‚von nichts gehabt' wird, sondern alles habend ist, wenn wir uns (leider mit Emge) an den berühmten Aphorismus Aristipps anlehnen.

Mit diesem Hinweis wollen wir einen eminent wichtigen Inter-
pretationsansatz begleiten, der die Bedeutung von EE in der
Entwicklung des nationalsozialistischen Denkens analysiert
hat: Die kollektive Egomanie – frei nach Habermas müsste man
wohl sagen ‚Monomanie' – und insbesondere die mystifizierte
Selbigkeit heben jede Art von allgemein gültiger Moral auf und
stellen alles Machbare, Erlaubte und Verbotene der Macht eines
Einzelnen anheim. Es ist also offensichtlich, dass die Allmachtphantasien aus EE von Helms (1966) mit triftigem Grund als
Wegbereitung für den Faschismus insgesamt und nachweisbar
für Mussolini sowie indirekt (über Vermittlung von D. Eckhart
(vgl. ebd., S. 11)) für Hitler beschrieben werden können. Die
Welt war den Menschen nach Helms hier so entfremdet, dass
die Reduktion auf das Ich eine ‚natürliche' Reaktion darstellte,
die durch die Dialektik der Aufklärung und durch die Fänge des
Einzigen hindurch in eine brutale kollektive Verstandesma-
schinerie des Nationalsozialismus führte. Lesen wir in dieser
Hinsicht die Selbstermächtigung in der Tradition des humanistischen Bildungsgedankens, so wird sie im gewohnten Denken
der Tod aller lebendigen Selbstermächtigung (vgl. Blumenberg
1981, S. 15).

Die Konzepte, die er damit verbindet, sind also nach wie vor
aktuell: Max Stirner kommt zu einer Philosophie eines radikalen Individualismus, der keiner Institution vor dem einzelnen
Individuum Rechte zuspricht, es sei denn, sie räumte die Möglichkeit ihrer sofortigen Zerstörung bzw. Abschaffung ein.
Stirners Einzelner hat nichts zu tun mit dem gegenwärtig zu
beobachtenden ‚marktkonformen Individualismus', der Freiheit

als eine möglichst große Auswahl von Konsumgütern versteht und das Individuum in eine soziale Konkurrenzsituation eines Zwangs zum Selbst-Sein bringt (vgl. Prisching 2009). Gerade die traditionellen Medien spielen hier eine Schlüsselrolle, indem sie in immer neuen Varianten Vorbilder und Schreckbilder des marktkonformen Individualismus wiederholend vorführen. Zugleich werden zunehmend existenziale Selektionssysteme als Unterhaltungsmittel inszeniert, die die tatsächlichen Selektionsmechanismen in reich und arm, drinnen und draußen, oben und unten verdecken und verharmlosen. Dies hat Christoph Schlingensief mit seiner Installation *Ausländer Raus!* auf den Punkt gebracht. Die Institution ist dabei selbst verunsichert, denn in dieser Freiheit zur Maximierung der Konsumoptionen sieht sie das größte Glück, und wenn nun Einzelne diese Freiheit als Scheinfreiheit kritisieren und gegen die Institution als Institution, gegen eine Durchsetzung mit Lobbyisten und ‚Marktkräften' antreten, stellen diese eine Gefahr dar. Denn zunehmend scheinen sich Individuen ‚zusammenzurotten' und die Institution direkt anzugreifen. Dabei koordinieren sie sich meist über soziale Medien, die heute noch Facebook, YouTube oder Twitter, aber morgen schon ganz anders heißen können. Deshalb stehen auch die möglichst flächendeckende Überwachung und manchmal die massive Einschränkung der Nutzung der sozialen Medien im Interesse der Institution.

In der Kritik steht auch die Institution der Demokratie, zerfressen von global agierenden Marktkräften; im Wahn einer hegemonialen ‚Harmonisierung' und einer Rhetorik des Guten und Beschützenden sieht sie in den Einzelnen, die aus dem marktkonformen Individualismus ausscheren, eine Gefahr und versucht, die Eigenwilligen zu bändigen und zu domestizieren. Die lebenswichtigen Grundlagen sind daher die Gefahr, ohne sie könnte die postdemokratische Institution nicht leben, und das Versprechen von Sicherheit, ohne dieses könnte die Einschränkung der Freiheit der Einzelnen nicht gerechtfertigt werden.

Wenn man sich überlegt, was ein möglicher Ort der Selbstbesinnung in dieser Lage sein könnte, dann setzt die Lektüre Stirners ein. Daher stehen die hier versammelten Aufsätze – auch wenn sie sich nicht direkt auf aktuelle Bewegungen und Ereignisse beziehen – in unmittelbarem Zusammenhang mit den Phänomenen der Selbstermächtigung.

Saul Newman ist der international bekannteste Stirner-Forscher. Er vertritt bereits seit längerem die These, dass sich aus den Gedanken Stirners eine neue Form eines zeitgemäßen Anarchismus ableiten ließe, die in der Lage ist, die Gedanken von Foucault und Lacan aufzunehmen, und die er „Postanarchismus" nennt.

Maurice Schuhmann war lange Zeit Vorsitzender der Max-Stirner-Gesellschaft und stellt den Befreiungsprozess dar, der durchlaufen werden muss, bevor Selbstermächtigung überhaupt anfängt. Das ist vielleicht das Bemerkenswerteste, was in der bisherigen Stirner-Diskussion nicht explizit gemacht wurde: Jede, die sich selbst ermächtigt, muss sich vorher auch von etwas befreit haben, nämlich von einer konkreten Form der begrifflichen/institutionellen Herrschaft, deren Macht sie sich zurückerobert hat.

Von Wolfgang Eßbach, der durch seine Studie über die Junghegelianer als einer der besten Stirnerkenner gilt, wurde ein bereits früher publizierter Artikel aufgenommen, der sich insbesondere mit dem Marxismus auseinandersetzt und für den er hier ein eigenes ‚Postskriptum' verfasst hat. Die Auseinandersetzung zwischen Karl Marx und Max Stirner bildet ein zentrales Kapitel der deutschen Geistesgeschichte – und bleibt es bis zu den späteren marxistischen Kritiken der Gegenwart. Während Friedrich Engels anfangs von Stirner fasziniert war, und wir ihm die einzigen authentischen Stirnerdarstellungen aus der Zeit der ‚Freien' verdanken, sah Marx in ihm eine Gefahr, seinen Freund Engels an ihn zu verlieren. In der *Deutschen Ideologie* wird Max Stirner auf eine emotionale und ins Persönliche gehende Art und Weise ‚fertiggemacht', eine Auseinandersetzung voller Häme und Abwertung, ohne einen Versuch der Verständigung. Diese intensive emotionale Beziehung zu Stirner lässt auch den Gedanken aufkommen, ob nicht der Anfangssatz des Kommunistischen Manifests „Ein Gespenst geht um in Europa, das Gespenst des Kommunismus." sich auf Stirner bezieht, für den Ideen ja allesamt ‚Gespenster' oder ‚Spuk' waren, und dem nun die Wirksamkeit politischer Ideen vorgehalten werden kann. Auch einschlägige Passagen zum ‚Fetischismus' aus dem *Kapital* weisen implizit Stirners Denken zurecht, dass wirkliche Anhänger, Individuen, die diese Idee vertreten, für sie kämpfen – und damit nach Stirner ‚Sklaven mit anderem Herrn' bleiben. Max Stirner ist erst von Jacques Derrida, in seinem Band *Marx' Gespenster*, wieder – versehen mit einer Entschuldigung – in den Diskurs eingeladen worden, vielleicht auch weil zunehmend der Einfluss Stirners auf Nietzsche deutlich geworden ist.

Diesen Einfluss deutlich gemacht zu haben, ist das Verdienst Bernd A. Laskas, der in den letzten Jahrzehnten außerdem die Funktion eines Archivars der Werke Stirners eingenommen hat. In seinem Beitrag analysiert er, inwiefern die Kategorie des Über-Ichs für die Lektüre der Werke Stirners hilfreich sein kann. Das Über-Ich stellt eine zentrale Kategorie dar, denn sie ist die sich im Individuum manifestierende Instanz der Institution, wodurch die Institution dieses steuert, indem es seine Selbststeuerung kontrolliert. Hier ist natürlich ein Bezug zu Foucaults Theorie der Selbststeuerung und *Mikrophysik der Macht* sichtbar, sodass – wie bei Newman schon angeregt – eine Forschung der Einflüsse Stirners auf Foucault nachdrücklich reizvoll erscheint.

Jean-Claude Wolf zeigt schließlich die sprachlichen Strategien und die Rhetorik in den Werken Stirners vor dem Hintergrund seiner philosophischen Herkunft auf. Neben allen Ideen war Stirner auch ein genialer Sprachschöpfer und Sprachspieler, der virtuos und gebildet die großen Fragen der Geistesgeschichte durchpflügt hat. Wolfs Beitrag – insbesondere seinen komparatistischen Blick auf die *Geschichte der Reaktion* – kann man durchaus als Hommage an eine vergessene, aber dennoch ungeheuer wichtige Seite Stirners verstehen, nämlich an die Hermeneutik und (An-) Ästhetik des Einzigen.

Wir verbinden die Publikation dieses Bandes mit der Hoffnung, dass sie eine der vielen Wurzeln sichtbar macht, aus denen das Rhizom der gegenwärtigen Kultur sich nährt.

Anmerkung:

Die Beiträge von Saul Newman, Maurice Schuhmann und Jean-Claude Wolf sind überarbeitete Vorträge, die im Rahmen unseres Stirner-Workshops „Die Selbstermächtigung des Einzigen" im Jahr 2012 an der Universität Koblenz gehalten wurden. Sie können auf www.autonomies.de betrachtet und kopiert werden.

Um gängige Gender-Klischees nicht zu unterstützen, wurden männliche und weibliche grammatische Formen uneinheitlich verwendet.

Literaturverzeichnis

Apel, K.-O. (1990): Diskurs und Verantwortung: das Problem des Übergangs zur postkonventionellen Moral. Frankfurt a. M.: Suhrkamp.

Bloch, E. (1993): Das Prinzip Hoffnung: Kapitel 43–55. Frankfurt a. M.: Suhrkamp.

Blumenberg, H. (1981): Wirklichkeiten in denen wir leben. Stuttgart: Reclam.

Butler, J./Roberts, T.A. (1970): Fifteen sermons preached at the Rolls Chapel: and, A dissertation on the nature of virtue. London: S.P.C.K.

Cioran, E.M. (2008): Werke. F. Leopold (Hg.). Frankfurt a. M.: Suhrkamp.

Cuypers, W. (1937): Max Stirner als Philosoph. Würzburg: Verlag Konrad Triltsch.

Derrida, J. (2004): Marx' Gespenster. Der Staat der Schuld, die Trauerarbeit und die neue Internationale. Frankfurt a. M.: Suhrkamp.

Emge, C. A. (1963): Max Stirner. Eine geistig nicht bewältigte Tendenz. Mainz: Verlag der Wissenschaften und der Literatur.

Engert, R. (2001): Die Würde der Persönlichkeit und ihre Wahrung durch die natürliche Wirtschaftsordnung: (1923/25). Leipzig: Max-Stirner-Archiv.

Eßbach, W. (1982): Gegenzüge: der Materialismus des Selbst und seine Ausgrenzung aus dem Marxismus. Eine Studie über die Kontroverse zwischen Max Stirner und Karl Marx. Mit einem Anhang, Sexualität und Gesellschaftstheorie. Materialis Programm ; Kollektion, Philosophie, Ökonomie, Politik MP 20. Erw. Neuausg. Frankfurt a. M.: Materialis.

Fateh-Moghadam, B./Sellmaier, St./Vossenkuhl, W. (2010): Grenzen des Paternalismus. Stuttgart: Kohlhammer.

Fleming, K.W. (2002): Rings um Stirner. Hegel und „Die Freien". Der Einzige, Vierteljahresschrift, Nr. 1 (17). Leipzig: Max-Stirner-Archiv.

Fleming, K.W. (2003a): Max Stirner und Hegel. Der Einzige, Vierteljahresschrift, Nr. 1 (21). Leipzig: Max-Stirner-Archiv.

Fleming, K.W. (2003b): Recensenten Stirners: die Kritik und die Anti-Kritik. Leipzig: Max-Stirner-Archiv.

Foerster, H. von (1993): KybernEthik. B. Ollrogge (Hg.). Berlin: Merve.

Glasersfeld, E. von (1997): Radikaler Konstruktivismus: Ideen, Ergebnisse, Probleme. Frankfurt a. M.: Suhrkamp.

Hanspaul, F. (1901): Die Seelentheorie und die Gesetze des natürlichen Egoismus und der Anpassung. Berlin: Carl Duncker's Verlag.

Heidegger, M. (1997): Der Satz vom Grund (1955/56). GA 10. Frankfurt a. M.: Klostermann.

Helms, H.G. (1966): Die Ideologie der anonymen Gesellschaft. Köln: DuMont.

Henning, M. (1996): Max Stirners Egoismus. In: Knoblauch, J. & Peterson, P. Ich hab' mein Sach' auf Nichts gestellt: Texte zur Aktualität von Max Stirner. Berlin: K. Kramer, S. 10-40.

Heß, M. (1845): Die letzten Philosophen. Darmstadt: C.W. Leske.

Hoerster, N. (2003): Ethik und Interesse. Stuttgart: Reclam.

Hollenback, J.B. (1996): Mysticism: experience, response, and empowerment. Hermeneutics, studies in the history of religions. University Park, Pa: Pennsylvania State University Press.

Irigaray, L. (1979): Das Geschlecht, das nicht eins ist. Berlin: Merve.

Keferstein, H. (1897): Zur Frage des Egoismus. Langensalza: Verlag von Hermann Beyer & Söhne.

Knoblauch, J./Peterson, P. (1996): Ich hab' mein Sach' auf Nichts gestellt: Texte zur Aktualität von Max Stirner. Berlin: K. Kramer.

Lehning, A./Bakunin, M.A. (1987): Unterhaltungen mit Bakunin. Nördlingen: Greno.

Mackay, J.H. (1914): Max Stirner: sein Leben und sein Werk: mit 4 Abbildungen, Zahlreichen Facsimilen und einem Anhang. Charleston, S.C.: Nabu Press.

Marcuse, H./Schmidt, A. (1994): Der eindimensionale Mensch: Studien zur Ideologie der fortgeschrittenen Industriegesellschaft. München: Deutscher Taschenbuch Verlag.

Marx, K./Engels, F. (1967): Karl Marx/Friedrich Engels, Werke [MEW]. MEW. Berlin: Dietz.

Mayer, G. (1969): Radikalismus, Sozialismus und bürgerliche Demokratie. Frankfurt a. M.: Suhrkamp.

McLellan, D. (1974): Die Junghegelianer und Karl Marx. München: Deutscher Taschenbuch Verlag.

Nozick, R. (1974): Anarchy, state, and utopia. New York: Basic Books.

Peirce, Ch. S. (1967): Die Festigung der Überzeugung und andere Schriften. Baden-Baden: Agis Verlag.

Petschko, W. (1996): Ich und Stirner. In: Knoblauch, J. & Peterson, P. Ich hab' mein Sach' auf Nichts gestellt: Texte zur Aktualität von Max Stirner. 1. Aufl. Berlin: K. Kramer, S. 41–70.

Prisching, M. (2009): Das Selbst Die Maske Der Bluff. Über die Inszenierung der eigenen Person. Wien, Graz, Klagenfurt: Molden.

Stirner, M. (1924): Der Einzige und sein Eigentum. Einführung von A. Ruest. Berlin: Rothgiesser & Possekel.

Stirner, M. (1972): Der Einzige und sein Eigentum. Universal-Bibliothek Nr. 3057/3062. Stuttgart: Reclam.

Stirner, M. (2009): Der Einzige und sein Eigentum: ausführlich kommentierte Studienausgabe. Originalausg. B. Kast (Hg.). Freiburg: K. Alber.

Türkdogan, H.I. (2003): Auf den Spuren eines anarchistischen Mystikers. Der Einzige, Vierteljahresschrift des Max-Stirner-Archivs Leipzig. 1 (21), S. 40–43.

Vendler, Z. (1984): The matter of minds. Clarendon library of logic and philosophy. Oxford: New York: Clarendon Press; Oxford University Press.

Willems, J. (2001): Religiöser Gehalt des Anarchismus und anarchistischer Gehalt der Religion. Die jüdisch-christlich-atheistische Mystik Gustav Landauers zwischen Meister Eckhart und Martin Buber. Reihe Sozialwissenschaften und Kultur. Albeck bei Ulm: Verlag Ulmer Manuskripte.

Wolf, J.-C. (2008): Egoismus von unten gegen Bevormundung von oben. Max Stirner neu gelesen. Leipzig: Max-Stirner-Archiv, Ed. Unica.

Saul Newman

Max Stirner's Political Ethics of Voluntary Inservitude

My aim in this chapter is to show how Max Stirner's critical post-humanist philosophy allows him to engage with a specific problem in politics, that of *voluntary servitude* – in other words, the wilful obedience of people to the power that subjugates them. Here it will be argued that Stirner's demolition of the abstract idealism of humanism, rational truth and morality, and his alternative project of grounding reality in the singularity of the individual ego, may be understood as a way of countering and avoiding this condition of self-domination. In contrast to various claims, then, that Stirner's thought is nihilistic and inimical to any ethical position, one finds in Stirner a series of ethical strategies through which the self's relation to power is interrogated and in which the possibility of alternative modes of subjectivity is opened up; where the subject can invent for him- or herself new forms of autonomous existence and practices of freedom that release him from this condition of subjection. There emerges from Stirner's thought a new kind of politics of the will, which has important implications for any theorisation of radical politics today.

The problem of voluntary servitude

The question posed in the mid-sixteenth century by Étienne De La Boëtie – it could just as easily have been raised by Stirner – in *Discours de la servitude volontaire* remains with us today and can still be considered a fundamental political question:

> My sole aim on this occasion is to discover how it can happen
> that a vast number of individuals, of towns, cities and nations
> can allow one man to tyrannize them, a man who has no power
> except the power they themselves give him, who could do them
> no harm were they not willing to suffer harm, and who could
> never wrong them were they not more ready to endure it than
> to stand in his way. (La Boëtie 1988, p. 38)

La Boëtie explores the subjective bond which ties people to the power that dominates them, which enthrals and seduces them, blinds and mesmerises them. The essential lesson here is that the power cannot rely on coercion alone, but in reality rests on our power. One's active acquiescence to power at the same time constitutes this power. For La Boëtie, then, in order to resist the tyrant, all we need to do is turn our backs on him, withdraw our active support from him and perceive, through the illusory spell that power manages to cast over us – an illusion that we participate in – his weakness and vulnerability. And yet we do not. Our persistent servitude is therefore a condition of our own making – it is entirely voluntary. Domination rests on a sort of perversion or misdirection of the will: individuals become somehow denatured and cowardly; they lose their will to be free, and come to actively desire their own subjugation. What must therefore be explained is the pathological bond to power which displaces the natural desire for liberty and the free relations that would otherwise exist between individuals.

This question of this subjective bond to the power was taken up in more recent times within psychoanalytic thought, particularly by thinkers like Herbert Marcuse and Wilhelm Reich. Reich, for instance, in his Freudian analysis of the mass psychology of fascism, pointed to a desire for domination and authority which could not be adequately explained through the Marxist category of ideological false consciousness (see Reich 1980). Approaching the problem from a different angle, the anthropologist Pierre Clastres suggested that domination was not inevitable; that voluntary servitude resulted from a misfortune of history (or pre-history), a certain fall from grace, a lapse from the condition of primitive freedom and statelessness into a society divided between dominators and the dominated. Here, man occupies the condition of the unnameable (neither man nor animal): so alienated is he from his natural freedom that he freely chooses, desires servitude – a desire which was entirely unknown in primitive societies (see Clastres 1994, pp. 93–104). Following on from Clastres' account, Gilles Deleuze and Felix Guattari explored the emergence of the state, and the way in which it relies not so much on violent domination and capture, but rather on the self-domination of the subject at the level of his or her desire – a repression which is itself desired.[1]

Stirner makes a significant contribution, I would argue, to this line of enquiry. For Stirner, voluntary servitude is not so much rooted in the interiority of the psyche, or in some sort of historical condition, but rather in a certain idealisation of the real which derives from religious modes of thinking. Just as, for La Boëtie, individuals are enthralled to the figure of the tyrant –

---

[1] Deleuze and Guattari point to the mysterious way that we are tied to State power, something which the term 'voluntary servitude' both illuminates and obscures: "The State is assuredly not the locus of liberty, nor the agent of forced servitude or capture. Should we then speak of 'voluntary servitude'?" (See Deleuze/Guattari 2005, p. 460).

who after all is only an ordinary man – and relinquish their power to him, for Stirner, they are enthralled to the universal figure of Man, whose moral and rational authority is simply an alienation of the individual's own power over himself. The domination that the humanist figure of Man exercises over us is even more unaccountable than that exercised by the tyrant over his people, as the former is not even a real person but an illusion, a metaphysical abstraction, one, moreover, of our own creation. Stirner describes a process by which people willingly constitute their identity around this abstraction – which is nothing but a remnant of religious thought – and, in doing so, subordinate themselves to an ideological realm of 'fixed ideas', and thereby to the political institutions which derive their authority from them. Like La Boëtie, Stirner diagnoses a kind of moral sickness that robs people of their will and desire for self-determination, which induces them to give themselves up freely to the power that oppresses them.

Critique of humanism

To understand this process of subjectification more precisely, we must turn to Stirner's critique of humanism and idealism as the dominant modes of thought and existence in modernity. *The Ego and Its Own* [*Der Einzige und sein Eigentum*] (1845) is a rejection not only of Hegelian idealism but, more explicitly, of the humanism of Ludwig Feuerbach, who believed that in displacing God with Man, he was emancipating humanity from religious alienation and oppression – and yet who, as Stirner showed, had only succeeded in inaugurating a new form of humanist, secular oppression.

According to Stirner, Feuerbach's humanist project in *The Essence of Christianity* (see Feuerbach 1957) had merely turned man into a God-like figure, thus sustaining rather than transcending the religious illusion. While Stirner accepts Feuerbach's critique of Christianity – that the infinite is an illusion, being merely the representation of human consciousness – he turns this critique back on itself, showing that Feuerbach actually perpetuates this religious alienation by inventing a new abstract being, a new divine figure. The place of the absolute, once occupied by God, is now occupied by man. However, religious authority is retained and, indeed, universalised, now taking on the guise of the rational and the secular. Stirner therefore sees human essence, which for Feuerbach was alienated under religion, as an alienating abstraction itself, an abstraction which now becomes, under the reign of humanism, a universal ideal:

> The supreme being is indeed the essence of man, but, just because it is his essence and not he himself, it remains quite immaterial whether we see it outside him and view it as 'God', or find it in him and call it 'Essence of man' or 'man'. I am neither God nor man, neither the supreme essence nor my essence, and therefore it is all one in the main whether I think of the essence as in me or outside me. (Stirner, Ego, p. 34)[2]

Stirner breaks decisively with humanism by introducing a radical division between man and the individual. Man has replaced God as the new ideal abstraction – an abstraction that denies

---

[2] Stirner, M. (1995): *The Ego and Its Own*, trans., ed., David Leopold. Cambridge: Cambridge University Press [in the following will be referred to as Stirner, *Ego*].

the individual. According to Stirner, by seeking the sacred in human essence, by positing an essential Man and attributing to him qualities that had hitherto been attributed to God, Feuerbach had merely reintroduced religious alienation. In humanism, Man becomes like God, and just as Man was debased under God, so the individual is debased beneath this perfect being, Man. Man is just as oppressive, if not more so, than God: "Feuerbach thinks that if he humanises the divine, he has found truth. No, if God has given us pain, 'man' is capable of pinching us still more torturingly." (Stirner, *Ego*, p. 156) Feuerbach, then, is the high priest of a new religion. Humanism is the new secular religion based on human essence. Just like the concept of God, the concept of essence is *external* to the individual. It constitutes a different kind of religious illusion that is just as oppressive and alienating as the one it supplanted. This is why Stirner sees Enlightenment humanism, with its rational and moral discourses that were supposed to free people from religious mystification and idealism, as merely Christianity reinvented: "The human *religion* is only the last metamorphosis of the Christian religion." (Stirner, *Ego*, p. 158)

In revealing this theological remnant that haunts secular humanist and rationalist thought, Stirner points to a new kind of ideological domination. Humanism creates a world of abstractions to which the individual subordinates himself, to which he seeks to conform, thus alienating himself and destroying his uniqueness. The idea of human essence – the idea that within us there is a stable, universal set of properties that we all share – is an illusion that we have taken as reality, and which serves as a rational and moral standard determining our perception of ourselves. So this double apparition of God-Man haunts our consciousness, founding a spectral world which derives its authority from human essence and traps us within its rigid paradigms. "Man", declares Stirner,

> your head is haunted... You imagine great things, and depict to yourself a whole world of gods that has an existence for you, a spirit-realm to which you suppose yourself to be called, an ideal that beckons to you. (Stirner, *Ego,* p. 43)

These apparitions or 'spooks' are what Stirner calls fixed ideas – abstractions like essence, rational truth, morality, which have been raised by the discourse of humanism to the absolute level of the sacred, and which come to govern our thought. We are, as Stirner puts it, possessed by these fixed ideas, which have invaded and colonised our conscience. Thus, the modern passion for rationality and morality is just as fanatical – if not more so – as the religious passion they supplanted.

However, Stirner's point is that these idealisations, which seem to have such a hold over us, are not external material entities but simply illusions of our own making; they are merely 'spooks', 'wheels in the head'. The only power they have over us is the power we give them. We have conjured them into existence through an abdication of our own self-will. What Stirner describes here, then, is a condition of self-subjection, whereby the individual, through an internalisation of fixed ideas and moral absolutes, renounces his or her own autonomy or self-ownership to the divine authority of humanism. Abstract ideals and ethereal spectres come to take the place of the individual's will, and create a set of moral and rational criteria by which we judge and condemn ourselves, thus inducing a split between our 'essential' and 'un-essential' selves. In unveiling not so much the real behind the illusion, but the illusion behind the real – or rather the way that our real subjection to humanist discourses and their political forms is really only a self-subjection to fictions and ghosts of our own making – Stirner's ethico-political project becomes one of re-empowering the individual, or rather showing how the individual might re-empower him- or herself. However, before discussing these ethical strategies of resistance to humanism, we must first explore the political paradigms that arise with humanism, paradigms which rely on the individual's self-subjection.

Disciplinary liberalism

The political counterpart to humanism's domination over our consciousness is liberalism – a supposedly secular and rational form of politics which takes as its emblem this ideological figure of man, with his essential needs and interests. However, by 'liberalism' Stirner does not mean simply a political philosophy based around the idea of individual rights and freedoms. Rather, liberalism should be understood as a certain rationality of government; a technology of normalisation which relies in large part on the individual's self-subjection. Indeed, we could say that liberalism governs through forms of individualisation in which the subject conforms to certain disciplinary norms in the name of 'freedom' and 'humanity'. In Stirner's analysis, liberal political technology can take a number of forms – political, social and humane – each succeeding the other in a dialectical process of human emancipation, and yet each coinciding with a further subordination of the individual ego to the humanist machine.

Political liberalism, according to Stirner, emerges with the development of the modern state. After the fall of the ancien régime, a new locus of sovereignty comes into being, exemplified by the democratic and secular republican state. However, Stirner perceives behind the edifice of liberal bourgeois state a hidden religiosity, a theological politics that enshrines an idealised absolutism in secular, rational clothing.[3] Stirner unmasks the domination behind the formal institutional veneer of rights, freedom and neutrality. The notion of formal equality of political rights, for instance, does not recognise individual difference. There is nothing wrong with equality as such; it is just that in its embodiment in the liberal state, the individual is reduced to a fictional commonality which takes an institutionalised form. The "equality of rights" means only that "the state has no regard for my person, that to it I, like every other, am only a man [...]" (Stirner, *Ego*, p. 93). In other words, what Stirner objects to is the way that the state, through the doctrine of equality of rights, reduces all individual difference to a general, anonymous political subjectivity in which individuality is swallowed up; rights are granted to man – to this abstract spectre – rather than to the individual. Stirner shows us the ultimate meaninglessness of the idea of rights, which, like freedom, are in reality

---

[3] As Carl Schmitt declared, in words that seem to echo Stirner's politico-theological diagnosis of modern liberal politics: "All significant concepts of the modern theory of the state are secularized theological concepts..." (see Schmitt 2005, p. 36)

based on power and can be easily violated or removed by governments – something which seems to be happening on an ever wider scale today as liberal states transform themselves seamlessly into post-liberal security regimes, and as rights are all too easily removed or curtailed.

Moreover, rather than giving the individual autonomy from the state, as conventional accounts of liberalism claim, it actually *binds* the individual to the state through the idea of citizenship. In other words, political liberalism may be seen as a logic which regulates the individual's relationship with the state, cutting out the complex intricacies of feudal relationships – tithes, guilds, communes and so on – and allowing a more direct and absolute connection with the state. While this ostensibly frees the individual from certain forms of arbitrary rule, it also removes the obstacles and plural arrangements that hitherto stood between political power and the individual, thus shutting down the autonomous spaces upon which the state did not intrude. Therefore, just as Marx contended that religious liberty meant only that religion was free to further alienate the individual in civil society, so Stirner claims that political liberty means only that the state is free to further dominate the individual:

> 'Political liberty', what are we to understand by that? Perhaps the individual's independence from the state and its laws? No; on the contrary, the individuals *subjection* in the state and to the state's laws. But why liberty? Because one is no longer separated from the state by intermediaries, but stands in direct and immediate relation to it; because one is a – citizen [...] (Stirner, *Ego*, p. 96)

This question of citizenship brings us to the further problem. For Stirner, political liberalism constitutes a certain form of subjectivity – that of the bourgeois citizen – which the individual is required to conform to. Citizenship is a mode of subjectivity based on obedience and devotion to the modern state. In order for the individual to attain the rights and privileges of citizenship, he or she must conform to certain norms – the bourgeois values of industry, responsibility, obedience to the law, and so on. Behind the visage of political liberalism, then, there is a whole series of normalising strategies and disciplinary techniques designed to subjectify the individual as 'citizen'. The individual finds himself subordinated to a rational and moral order in which certain modes of subjectivity are constructed as essential and enlightened, and from which any dissent results in marginalisation. The existence of a class of vagrants, paupers and vagabonds with no place in society, is the dangerous, unruly excess produced by this form of liberal subjectification (see Stirner, *Ego,* p. 105).

The second articulation of liberalism – 'social liberalism', or as we might understand it, socialism – produces another kind of normalisation, but one which is nevertheless still part of the logic of liberal domination. Whereas in the discourse of political liberalism, equality was restricted to the formal level of political and legal rights, socialists demand that the principle of equality be extended to the social and economic domain. This can only be achieved through the abolition of private property, which is seen as an alienating and de-personalising relation. Instead, property is to be owned collectively by society and distributed equally. Where the individual once worked for himself, he must now work for the benefit of the whole of society. It is only through a sacrifice of the individual ego to society, according to social liberals, that humanity can liberate itself and develop fully.

However, behind this discourse of social emancipation and equality lies a resentment of difference and a further denial of individual autonomy. What social liberals find intolerable, according to Stirner, is individual egoism: "We want to make egoists impossible! [...] all of us must have nothing, that 'all may have'." (Stirner, *Ego*, p. 105) What little space for autonomy there was left under political liberalism – in the notion of private property, for instance – is done away with under social liberalism in the name of social equality and commonality. 'Society', this ideological abstraction, thus becomes the new locus of domination subordinating the individual, who is encouraged to see himself as an intrinsic part of this commonality. Once again the individual is alienated by an abstract generality. Like the liberal state, the idea of society is seen as sacred and universal, demanding of the individual the same unquestioned obedience. Just as the individual under political liberalism is sacrificed on the altar of the state, so under social liberalism s/he is sacrificed on the altar of society.

However, the inexorable dialectic of liberalism continues – and now even the idea of society is said to not be universal enough. Because social liberalism was based on labour, it is seen as still caught within the paradigm of materialism and, therefore, egoism. The labourer in socialist society is still working for him-/

herself, even though his labour is regulated by the social whole. Humanity must instead strive for a more perfect, ideal and universal goal. Here, according to Stirner, the third and final stage of liberalism emerges – 'humane liberalism', in which humanity is finally reconciled with itself. Where the previous two stages of liberalism still maintained a distance between humanity and its goal through a devotion to an external idea – the state and society – humane liberalism claims to finally unite us with our ultimate goal, humanity itself. In other words, the *internal* ideal of man and the essence of humanity are what people should strive for. To this end, every particularity and difference must be overcome for the greater glory of humanity. Individual difference is simply transcended through the desire to identify the essence of man and humanity within everyone: "Cast from you everything peculiar, criticize it away. Be not a Jew, not a Christian, but be a human being, nothing but a human being. Assert your humanity against every restrictive specification." (Stirner, *Ego,* p. 114)

However, this final stage in man's emancipation is also the final and complete abolition of the individual ego. For Stirner, as we have seen, there is nothing essential about humanity or mankind – they are ideological apparitions that tie the individual to external generalities. There is no essence of humanity residing in each individual which he or she must realise fully, as the discourse of humanism would have it. Rather, human essence is simply a spectral alienation of the individual ego. Therefore, Stirner sees the proclaimed liberation of humanity as the culmination of the progressive subordination and alienation of the individual. In other words, it is through the humanist drive to overcome alienation that the alienation of the concrete individual is finally accomplished. Even the last refuge of autonomy – the individual's own thoughts and opinions – has been abolished: 'egostic' and particular perspectives have now been taken over completely by *general human opinion*. All traces of difference and particularity have been transcended, and anything that would allow some form of separateness, singularity or uniqueness recedes into a universal humanity. Thus, we see in humane liberalism the complete domination of the general over the particular.

Governing through the subject

The rationality of liberalism works, as we see from Stirner's account, through the self-subjection of the individual to prevailing moral and rational codes. If we are oppressed by fictions such as 'humanity' or 'society', this means that we allow this oppression to take place. We give these spectres free reign over us; we believe in them and attribute to them a reality and materiality which they do not have. What distinguishes liberalism as rationality of government from previous forms of power, is the transition from top-down coercion to a more subtle form of control, in which the subject constitutes himself around certain established norms of identity in the name of 'humanity', 'equality', 'freedom' or 'society'. This is why there is little need for overt oppression. Indeed, Stirner makes the important point that the power of the state itself is in a sense imaginary, and that in reality it rests on our power:

> The state is not thinkable without lordship (*Herrschaft*) and servitude (*Knechtschaft*) (subjection) [...] He who, to hold his own, must count on the absence of will in others is a thing made by these others, as a master is a thing made by the servant. If submissiveness ceased, it would be all over with lordship. (Stirner, *Ego*, pp. 174–175)

The power of the state is dependent on the abdication of the individual's free will and self-mastery. We *allow* the state to dominate us. Therefore, all that needs to happen for the state to be overthrown is the reclaiming or reassertion of this will by individuals: "The *own will* of me is the state's destroyer." (Stirner, *Ego*, p. 175) What must be confronted, then, according to Stirner, is not so much the state itself, but self-subjection or voluntary servitude – the condition of submissiveness which makes the state possible. Despite Marx and Engels famous attack on 'Saint Max' in *The German Ideology*, where they accuse him of idealism and of ignoring the reality of the state and the materiality of the economic relations which give rise to it (see Marx/Engels, 1938), what Stirner reveals to us is the spectral, ideological dimension that sustains 'real' material relations and institutions. To say that the state is an idea – or better, the embodiment of a misdirected desire – is not to deny its reality, but to highlight the subjective attachment that we have to state power. And so the state is an idea that must be dislodged from our minds first, before it can be dislodged in the real – or rather these are two sides of the same process.

Stirner's diagnosis of liberalism and the state as being the political expression of a dominant discourse of humanism in many ways anticipates Michel Foucault's explorations into modern regimes of subjectifying and disciplinary power. As is well known, Foucault maintains that liberal forms of power and government cannot be adequately grasped by the traditional concepts of sovereignty, law and contract, but rather have to be understood as diffuse, decentralised and antagonistic relations of power that are coextensive with social life. Foucault also questions the notion of the sovereign state as a unified, all powerful institution, suggesting – in a manner similar to Stirner – that it may be no more than a "mythicized abstraction" (Foucault, *Security*, p. 109)[4]. It is more productive, according to Foucault, to see political power being articulated through multiple discourses, practices, techniques, institutional mechanisms and rationalities which permeate society and produce certain forms of normalisation and subjectification. Governing should be understood as a practice which weaves itself into the fabric of social life, and which functions through an intensive interaction – not simply one-sided and repressive, but also, indeed primarily, productive and reciprocal – with those who are governed. We think here of diverse governing practices such as disciplining, educating, healing, caring, coordinating economic life, punishing and securitizing. What is important here is that the governing operates through strategies of subjectification; that is to say it constructs certain normalised subjectivities and behaviours which act as discursive thresholds tying the subject to governmental power. For instance, in his explorations of lib-

---

[4] Foucault, M. (2007): *Security, Territory, Population: Lectures at the Collège de France 1977–1978,* ed., Michel Senellart, trans., Grahame Burchell. Basingstoke, Hampshire: Palgrave Macmillan [in the following will be referred to as *Security*].

eralism, Foucault shows how liberal governmentality functions through a construction of the individual subject as 'free': the liberal subject is seen to be self-governing and as having a certain freedom of choice – for instance, a freedom in consumption, market transactions, or choice over life-style – and it is through the exercise of this freedom that the subject is imagined to express his essential interests or discover his/her true self. And yet, it is precisely through this freedom that the individual submits himself to certain norms of behaviour, thus inscribing himself within networks of power and the strategies and calculations of government: "[...] this freedom, both ideology and technique of government, should in fact be understood within the mutations and transformations of technologies of power." (Foucault, *Security*, p. 48)

Moreover, in a further parallel with Stirner, Foucault traces the origins of modern modes of government to religious practices and modes of thought – specifically to early and medieval Christian ideas of the pastorate, which involved a relationship of governing the conduct of people in the form of a discourse of caring for the soul, just as the shepherd cares for his flock.[5] Do we not find, as Stirner would claim, the same kind of pernicious idea of 'care' in the discourse of humanism[6], in which the Chris-

---

[5] See Foucault's extensive discussions on the history of the Christian pastorate throughout *Security*.

[6] Here Stirner, in a strikingly similar manner to Foucault, associates the modern humanist idea of healing (both physical and mental) with the older, more 'irrational' forms of punishment that they supposedly replaced: the wayward, sick, abnormal and insane are now said to sin against their own humanity, their own 'health', just as the criminal is said to sin against the law and morality, and as the unbeliever or heretic was said to sin against

tian soul has been replaced by human essence – which is nevertheless still regarded as a kind of sacred property which must be tended and cared for, and in whose name our conduct is guided and regulated? In this sense, freedom is always associated with a further subjection – precisely because it is limited by this idea of a human essence which, according to the logic of 'humane liberalism', must be not only exalted but also liberated. The discourse of humanism exhorts us to: "Assert your *humanity* against every restrictive specification; make yourself, by means of it, a human being, nothing but a human being, and free from those limits; make yourself a 'free man', that is recognize your humanity as your all-determining *essence*." (Stirner, *Ego,* p. 114) As is revealed in both Stirner's and Foucault's accounts, humanism and liberalism are modes of government which rely upon the subjectification of individuals as both human and free – or at least whose inner humanity must be liberated and brought to light – and yet whose freedom is inevitably bound up with a more subtle and imperceptible form of domination. Once again, this is a form of domination which relies in large part on self-subjection or voluntary servitude: we participate in this domination, imagining our freedom to lie in voluntarily conforming to the truths of subjectivity and the norms of conduct that have been laid down for us.

---

religion and the church. In other words, the same sort of moral and religiously-motivated prejudices are at work in a disguised form in modern secular practices of healing and curing: "*Curative means* or *healing* is only the reverse side of *punishment,* the *theory of cure* runs parallel with the theory of punishment; if the latter sees in action a sin against right, the former takes it for a sin of the man *against himself,* as a decadence from his health". Stirner, *Ego,* p. 213.

From freedom to ownness

So if, as Foucault puts it, critical thought is guided by the question of 'how not to be governed', and if the aim of critical practices is the encouragement of 'voluntary *inservitude*'[7] [emphasis added], then we must devise new ways of thinking and practicing freedom. It is clear that the language of freedom, as prescribed within the discourses of liberalism and humanism, has reached a dead-end and is no longer politically useful unless it undergoes a radical modification. Here Stirner identifies a number of problems with the existing idea of freedom. Freedom is one of the universal abstractions or 'spooks', which, while promulgated widely by liberalism and humanism, means little to the concrete individual – indeed, we have seen that 'being free' at the same time marks a deeper domination. Furthermore, freedom is usually limited to a negative model, at least within liberal discourse, and this means that freedom is still defined and limited by the idea of what one is supposedly 'free from'. Even though, as we shall see, Stirner wants to propose a new understanding of freedom that is perhaps closer to 'positive' freedom – in the sense of freedom as a capacity to do something – he would be equally wary of any attempt to construct a particular rational and moral ideal of freedom whose standard one would be expected – forced even – to live up to

---

[7] See Foucault, M. (1996): 'What is Critique?', *What is Enlightenment: Eighteenth Century Answers and Twentieth Century Questions,* ed., James Schmidt. Berkeley: University of California Press, p. 386. The importance of the question of voluntary servitude to Foucault's problematics of government has been explored extensively in Marc D. Schachter's *Voluntary Servitude and the Erotics of Friendship: from classical antiquity to early modern France* (Hampshire: Ashgate, 2008).

and reflect in one's thought and behaviour. Both conceptions of freedom, negative and positive, have been tarnished with humanist idealism and its moral and rational injunctions. So the problem with freedom is that its proclaimed universality disguises a particular position of power – it is always someone's idea of freedom that is imposed coercively upon others: "The craving for a *particular* freedom always includes the purpose of a new *domination*..." (Stirner, *Ego,* p. 145)

So, for Stirner, to pose the question of freedom as a universal aspiration is always to pose the question of which particular order of power imposes this freedom, thereby inevitably limiting and constraining its radical possibilities. Therefore, freedom must be left to the individual to determine for him- or herself. It should be seen as an ongoing project of individual autonomy rather than a general political and social goal; freedom as a singular practice, unique to the individual, rather than a universally proclaimed ideal and aspiration. Freedom, in other words, must be divested of its abstractions and brought down to the level of the individual. This is why Stirner prefers the term 'ownness' to freedom, ownness implying self-ownership or self-mastery – in other words, a kind of autonomy, which means *more* than freedom because it is something that gives one the *freedom to be free*, the freedom to define one's own singular path of freedom: "Ownness *created* a new *freedom.*" (Stirner, *Ego,* p. 147) Rather than conforming to a universal ideal, something which is so often accompanied with the most terrible forms of coercion, ownness is project of open-ended creation and invention, in which new forms of freedom can be experimented with. As Stirner says:

> My *own* I am at all times and under all circumstances, if I know how to have myself and do not throw myself away on others. To be free is something that I cannot truly *will*, because I cannot make it, cannot create it [...] (Stirner, *Ego*, p. 143)

This reconfiguration of freedom as ownness – as a potentiality and a power of self-determination that is always present in the individual, even in the most oppressive of circumstances – can be seen as a way of countering the problem of voluntary servitude that is central to Stirner's concerns. Ownness is a way of restoring to the individual his capacity for freedom; of reminding the individual that he is free and that he always was free, or at least much freer than he believed, and, moreover, that the overwhelming power wielded over him by political institutions and humanist ideals was illusory, simply being an abstraction of the power that he voluntarily surrendered. If freedom is largely disempowering and illusory, ownness is a way of making freedom concrete and real, and, moreover, of revealing to the individual what he had long forgotten – his own power.

Ownness has therefore to be understood in relation to power. Whereas freedom claims to situate itself in opposition to power – and yet, as we know it is always a form of disguised power – ownness, in contrast, affirms its intimate connection with power. Indeed, for freedom to have any meaning, it must assert the capacity and will to power of the individual: "I am free from what I am rid of, owner of what I have in my *power* or what I *control*." (Stirner, *Ego*, p. 143) Foucault also highlighted the inextricable connection between power and freedom, seeing freedom as a complex 'game' that one plays with power and within a field of possibilities structured by power. Rather than being ontologically opposed, power and freedom exist in a relationship of mutual incitement, one presupposing the other and providing conditions for the other's realisation, while at the same time limiting one another. As Foucault said, "power is exercised only over free subjects, and only insofar as they are free" (Foucault 1983, p. 221). However, this does not mean that freedom is always rigidly limited by power or always serves as a conduit for domination. If we accept the idea of power and freedom being relational, as both Stirner and Foucault in their own ways do, and if we recognise the inherent instability of this relationship, this means that while we will never be entirely free from power – what would this be but another form of power? – we can nevertheless radically modify the field of possibilities structured by power, limiting, suspending, reversing and transforming our relationship to power.

This reconfiguration of freedom is given greater clarity if we think about it in terms of a project of autonomy or self-mastery. The ethical and political question that Stirner engages with is how the individual can resist and counter humanism's subjectifying strategies; how he can work himself out of this subjective bond to power, which both designates him as free, or as needing to be liberated, while at the same time denying him autonomy. Ownness should therefore be understood as the freedom to invent for oneself new modes of subjectivity, new behaviours and ways of life which evade, undermine and destabilise the subjective positions established by power. So freedom in this sense is not a final state of emancipation that one reaches, but rather an ongoing practice, or series of practices, in which the individual constantly experiments with different forms of existence, different ways of relating to oneself.

Of course, it was precisely this sort of ethical project that Foucault became interested in, and his later writings on various forms of 'care of the self' found in ancient Greek and Roman, and early Christian, societies could be seen as an exploration of what he called 'counter-conducts' and practices of freedom in which, in the absence of or in opposition to institutional and pastoral power, the individual sought new ways of relating to himself and to others. What is central here, for Foucault – and where we find once again an important parallel with Stirner – is the emergence of a different relation to truth: in contrast to the modern humanist conception, in which the essential truth of one's identity must be revealed, confessed, brought to light – an injunction that mobilizes all sorts of institutional, disciplinary and governing practices and medicalizing discourses – what Foucault uncovers in the societies of antiquity is a series of 'techniques of the self', ethical, ascetic and spiritual, in which one interrogated oneself, one's desires, appetites, fears and dreams, not with the intention of producing an essential, stable truth about oneself, but rather with the aim of increasing one's power over oneself through a form of self care. In other words, while the modern humanist regime of truth, which derives from the confessional apparatuses of Christianity, seeks to reveal the essential truth and knowledge of the subject in order to allow him to be more effectively governed, the early 'techniques of the self', according to Foucault, were used by the individuals who practiced them in order to enable them to more effectively *govern themselves*. Whereas the former model has as its effect the extension of power over the individual, the latter strategy has as its effect – or at least this was its intention – an increase in the power the individual has over himself; a strategy, in other words, of self-government or autonomy. As Foucault says, "...being free means not being a slave to oneself and one's appetites, which means that with respect to oneself one establishes a certain relationship of domination, of mastery [...]" (Foucault 2002, pp. 286 f.). Stirner sees ownness in similar terms: it is the ability to exercise over oneself a certain power, a certain discipline – and this is not only in order to avoid being dominated by others, but also to avoid the more intricate problem of being enslaved to one's own desires and passions. Here, for Stirner, egoism or self-ownership is to be distinguished from what he calls 'possessedness', where a particular passion or appetite – a desire for power, for instance – comes to consume one's entire person, becoming another kind of fixed idea. This is a condition that Stirner considers just as bad as moralistic self-abnegation and self-sacrifice; they both indicate a kind of disempowerment and self-enslavement. In contradistinction to this, for Stirner, "I am my own only when I am master of myself, instead of being mastered by either sensuality or by anything else (God, man, authority, law, state, church)" (Stirner, *Ego*, p. 153).

Moreover, this idea of freedom as self-mastery and self-empowerment has nothing to do with the freedom of the individual to exercise power over others; on the contrary, it entails a certain ethical relation of *non-domination* towards others, because what it seeks to ward off is the excessive desire for power within the individual – a desire which is not only dangerous to others, but also is dangerous to himself because it means that he becomes enslaved to his own appetites, just as being a tyrant was equated in ancient Greek thought with a certain powerlessness and lack of self-control.[8] Ownness or self-mastery could not be further from some sort of realist strategy of power politics; rather it has to be seen in terms of an ethos of non-domination.

Contrary to many critical commentaries, which claim that Stirner's philosophy of egoism and ownness is nihilistic[9], what we find here is a kind of ethics. Stirner wants us to interrogate our relation to ourselves and to others, and to find ways of dislodging, undoing, working ourselves free from our own attachment to power – both the power one is submitted to and

---

[8] For instance, in the dialogue between Socrates and Adeimantus in Plato's Republic (Book IX) Socrates proposes that: "He who is the real tyrant, whatever men may think, is the real slave, and is obliged to practise the greatest adulation and servility, and to be the flatterer of the vilest of mankind. He has desires which he is utterly unable to satisfy, and has more wants than any one, and is truly poor, if you know how to inspect the whole soul of him: all his life long he is beset with fear and is full of convulsions, and distractions, even as the State which he resembles." *The Republic,* trans., Benjamin Jowett, The Project Gutenberg http://www.gutenberg.org/files/150/150.txt
[9] An example of this would be Robert K. Paterson's *The Nihilistic Egoist: Max Stirner* (Oxford University Press, 1971).

the power one seeks to submit others to, which, after all, are one and the same thing.

The 'creative nothing'

Stirner's project of ownness as a release from voluntary servitude suggests a new way of thinking about the subject. The subject can no longer be founded on some sort of human essence or stable set of properties, as these are precisely the idealisations and abstractions that bind us to the subjectifying power of humanism. So the only way to escape this subjectifying power is to abandon essences and fixed identities altogether, and to assert a notion of the subject as radically *unfounded* – in other words, without a stable, fixed identity. The question posed by Stirner's rejection of humanism is what subjectivity can be beyond existing forms of subjectification, and the answer for Stirner is the 'ego'. However, the ego should not be thought of as a kind of determining core or fixed identity. Rather, the ego is a sort of radical absence, an ontological field of possibilities and potentialities which is always in flux, always becoming. That is why Stirner refers to the ego as a 'creative nothingness' – it is a void from which emerges a continual process of self-creation: "I do not presuppose myself, because I am at every moment just positing or creating myself, and am I only by being not presupposed but posited, and, again, posited only in the moment when I posit myself." (Stirner, *Ego*, p. 135) In other words, it is meaningless to talk about the self as a stable foundation or basis from which all identifications emerge, because the self is always being reconstituted through every act of identification. There is no secret to our beings that remains to be discovered, and the 'truth' of the self lies not in its depths but in the constant play and movement of its surfaces. It is therefore ridiculous to see Stirner's philosophy as a self-interested liberal individualism, or indeed as promoting any sort of model of agency, whether amoral, acquisitive or utility-maximizing; *any* sort of pre-established identity or model of agency is radically destabilized and 'consumed' in the open-ended 'nothingness' of the ego.

So we should see in Stirner's notion of the subject – which seems to anticipate postmodern or poststructuralist concep-tions of subjectivity[10] – a way of freeing us from ourselves, from a fixed essence to which we have chained our identities, an es-sence that is fabricated by humanist ideology. It thus opens up to the subject a certain radical freedom, a freedom from subjec-tification, or at least a freedom to experiment with new modes of subjectification.[11] To unmoor the self from the 'self', to *dis-*identify the subject, to show that the way we have hitherto lived and perceived ourselves is not the only existence availa-ble to us, is central to Stirner's ethics of voluntary, wilful inser-vitude.

---

[10] The destabilization of pre-existing conceptions of subjectivity that derive from humanism, can be found throughout Deleuze and Guattari's collabora-tive works *Anti-Oedipus* and *A Thousand Plateaus,* where the subject is seen as a haphazard assemblage of parts, flows, becomings, intensities and lin-guistic statements.

[11] As Foucault puts it, in a similar vein, "Maybe the target nowadays is not to discover who we are, but to refuse who we are...". 'The Subject and Power', p. 216.

Post-foundational ethics and politics

Stirner's philosophical project might be understood, then, as one of clearing the ontological ground of all essential foundations. 'I set my affair on nothing', he declares. Universal categories of truth and morality, the idea of society, human essence and the stable identities that are based on this – all these assorted 'spooks' and abstractions are swept away; everything is reclaimed by the individual, who, cleared of the dust in his eyes and phantoms in his mind, realises that these were simply obfuscations of his own making, that the world is radically contingent and can be made and remade at will. There is a radical and almost excessive voluntarism here, but, for Stirner, the rediscovery of the will and the release from voluntary servitude is a moment of joyous exuberance, a revelling in one's new found sense of power. So this demolition job that Stirner performs on the foundations of humanism, where he seems to remove the very ground from under our feet, is a way of revealing to us our radical freedom. Rather than view this as nihilism, we might see this in terms of a post-foundational ethics: ethics is something to be created by us, rather than abstracted into absolute moral codes beyond our grasp.

But what forms of politics are conceivable here? How might Stirner's post-foundational thought and ethics be understood politically? Stirner does not offer any sort of political program; he has no desire to be prescriptive, of course, wanting to leave political life to individuals to freely determine for themselves. He puts forward certain suggestions, tentatively, of egoistic forms of association – the 'union of egoists', for instance, which is a voluntary association formed without any sort of binding obligation, and which is an alternative to the fixed ideas of 'society' and 'community' with their moral constraints and injunctions, or to the state with its numerous coercions (see Stirner, *Ego*, p. 275–277). The union of egoists as a political form is something that is consciously *willed* and *constructed* – made and actively affirmed by individuals for their own purposes – rather than an entity founded on some sort of imagined essential commonality or generality over which one has no power. The union of egoists should not be taken as a precise model of politics to be followed, but rather as something revealing the openness, contingency and multiplicity of the political as such. Stirner wants to clear the political field of all fixed and universalising identities, and affirm politics as a site of continual invention and creativity from which multiple forms of action and association can emerge. However, this understanding of politics in terms of multiplicity rather than uniformity should not be seen as giving rise to any sort of 'identity politics'. On the contrary, the implications of Stirner's critique of essences is a post-identity and post-representational form of politics in which fixed identities, with their established differences in position and interests, are radically transcended. Indeed, what we find in Stirner, if we are to consider his philosophy of egoism in political terms, is a problematisation of the binary of individualism and collectivism: the union of egoists, while it allows and encourages collective action, at the same time seeks to preserve and even enhance the autonomy and singularity of its participants. The relationship between participants is one of *affinity* rather than merely belonging.[12] So the union is a political figure that allows us to think individual difference and collective association together, as a kind of multiple body or as multiple singularities – a masterless, headless body composed of those freely taking delight in themselves and others, rather than a body of compressed yet lonely individuals gazing at their sovereign.[13] Moreover, it reminds us that the release from voluntary servitude cannot be an individual enterprise alone, but also has to be thought of and practiced associatively, in terms of one's relationship to others.

One detects, in this idea of voluntary association, a kind of anarchism. Indeed, Stirner's rejection of the state and of all forms of political authority certainly bears some resemblance to anarchism, which embodies an implacable hostility to hierarchy, centralisation and authority. However, we can by no means simplistically assimilate Stirner within the anarchist tradition: his critique of Enlightenment humanism and rationalism, and his rejection of human essence, unsettles the very epistemological foundations upon which the classical anarchists like Kropotkin, Bakunin and Proudhon based their attack on political authority.[14] So if we are to derive from Stirner some kind of

---

[12] This idea of 'affinity' is used to characterise recent forms of collective association and decentralised 'network' politics emerging with global anticapitalism. Indeed, Simon Tormey sees Stirner as in a sense prefiguring contemporary forms of activist politics (see Tormey 2007, p. 263–280).

[13] I owe this image, which contrasts so beautifully with the Hobbesian metaphor of the body politic, to Amedeo Policante.

[14] I have decisive discussed the consequences of Stirner's thought for classical anarchism extensively in *From Bakunin to Lacan: anti-authoritarianism and the dislocation of power,* (Lanham, MD.: Lexington Books, 2001).

anarchist politics and ethics, it must surely be an anarchism of a different kind – a post-foundational anarchism, or what I have termed elsewhere, *postanarchism*. (See Newman 2010)

Indeed, one of the major contributions that Stirner makes to a re-vitalization of anarchist thought – something that is very much needed today in the face of a certain exhaustion of the radical political imaginary – is to point out the futility of founding political action on metaphysical ideas of human nature, science, historical laws and assumptions about a shared rationality and morality. Instead, we might think about an anarchism without foundations, or without foundations that are absolute and fixed – an anarchism without an *arché* as a guiding and determining ontological principle. Indeed, we might have to re-think anarchism through a notion of *an-archy*, as the instability or, as Reiner Schürmann puts it, the 'withering away' of founding principles and ontological truths. Here Schürmann talks about an 'anarchy' principle, which he sees as a weakening of determining rational principles for action: "'Anarchy'... always designates the withering away of such a rule, the relaxing of its hold." (Schürmann 1987, p. 6) This operation is made possible, indeed inevitable, Schürmann argues, by Heidegger's idea of the closure of metaphysics, the dissolution of the epochal rules that guide actions in different historical periods. However, we could just as easily say that this anarchic displacement of ontological foundations was first made possible by Stirner. Stirner's philosophy might be seen, in other words, as an *ontological* anarchism.

The other major contribution of Stirner's thought to anarchism, and indeed to radical politics generally today, is to bring to light what was a blind spot in classical anarchism, as it was in most revolutionary discourses based on the idea of universal emancipation – this problem of voluntary servitude. In supposing an essential opposition between man and authority, society and the state, anarchism, as well as other forms of revolutionary socialism, found it difficult to conceive of the ways in which we might be subjectively attached and bound to the power that dominates us; that power might even dominate us *through* our humanity, through what we imagine is our true essence. The other side to revolutionary politics are the myriad micropolitical attachments to power that we reaffirm and intensify in our daily lives and our relations to others. That is why micropolitical and ethical strategies, such as the ones to be found in Stirner, are so important in prompting us to reflect on our subjective attachment to power, our capacities for freedom and our relationship to ourselves and others. The anarchist Gustav Landauer showed, in a manner strikingly similar to Stirner, that the state is more than simply an institution that can be overthrown in a revolution, but rather should be seen as a certain relation between people – a mode of behaviour and interaction – something that can therefore only be transcended through a certain spiritual transformation of relationships and behaviour.[15] Without such a transformation, the state will be simply reinvented in a different form after the revolution. The focus would

---

[15] Gustav Landauer, cited in Martin Buber, *Paths in Utopia* (New York: Syracuse University Press, 1996), p. 47.

be, then, on creating alternative, non-statist, non-authoritarian relationships with others and within ourselves. We may think here of an anarchism that starts at the level of the subject; an ethical discipline of indiscipline, a politics of wilful indocility.

So we need to conceive of revolution in new ways, or even consider abandoning the term altogether in favour of a different form of politics that takes account of the ways that we are complicit in our own subjection, and which strives to loosen these complex and molecular bonds, attachments, idealisations, fantasies, dependencies and desires. In thinking of politics in this way, as a micro-politics against voluntary servitude, Stirner makes an important distinction between revolution and insurrection:

> Revolution and insurrection must not be looked upon as synonymous. The former consists in an overturning of conditions, of the established condition or *status*, the state or society, and is accordingly a *political* or *social* act; the latter has indeed for its unavoidable consequence a transformation of circumstances, yet does not start from it but from men's discontent with themselves, is not an armed rising but a rising of individuals, a getting up without regard to the *arrangements* that spring from it. The Revolution aimed at new arrangements; insurrection leads us no longer to *let* ourselves be arranged, but to arrange ourselves, and sets no glittering hopes on 'institutions'. It is not a fight against the established, since, if it prospers, the established collapses of itself; it is only a working forth of me out of the established. (Stirner, *Ego*, p. 279 f.)

So, radical political action must not only be aimed at overturning established institutions like the state, but also at attacking the much more problematic relation through which the subject is captivated by and dependent upon power. The insurrection is a process of separation, detachment, not from the real world, but from the world of illusions that hides the reality of one's own power. It is a rebellion against the metaphysical abstractions, fixed ideas and established identities which have held us in such thraldom, and have built for us a prison house out of our own consciousness. Stirner's work may be seen, then, as an ethical insurrection; as the first incendiary bomb, the first Molotov cocktail hurled against our condition of voluntary servitude.

Bibliography

Buber, M. (1996): Paths in Utopia. New York: Syracuse University Press.

Clastres, P. (1994): Archaeology of Violence. J. Herman (trans.). New York: Semiotext(e).

Deleuze, G./Guattari, F. (2005): A Thousand Plateaus: capitalism and schizophrenia. B. Massumi (trans.). Minneapolis: University of Minnesota Press.

Feuerbach, L. (1957): The Essence of Christianity. G. Elliot (trans.). New York: Harper & Row.

Foucault, M. (1983): 'The Subject and Power', Michel Foucault: beyond structuralism and hermeneutics. H.L. Dreyfus/P. Rabinow (eds.). Chicago: University of Chicago Press, pp. 208–226.

Foucault, M. (1996): 'What is Critique?', What is Enlightenment: Eighteenth Century Answers and Twentieth Century Questions: 386. J. Schmidt (ed.). Berkeley: University of California Press.

Foucault, M. (2002): 'The Ethics of the Concern for the Self as a Practice of Freedom', Ethics: subjectivity and truth, Essential Works 1954–1984, Volume 1. P. Rabinow (ed.). London: Penguin, pp. 281–301.

Foucault, M. (2007): Security, Territory, Population: Lectures at the Collège de France 1977–1978. M. Senellart (ed.), G. Burchell (trans.). Basingstoke, Hampshire: Palgrave Macmillan.

La Boëtie, E. de (1988): La Servitude Volontaire [Slaves by Choice]. Egham: Runnymede Books.

Marx, K./Engels, F. (1938): The German Ideology. R. Pascal (trans.). London: Lawrence & Wishart.

Newman, S. (2010): From Bakunin to Lacan: anti-authoritarianism and the dislocation of power. Lanham, MD: Lexington Books.

Newman, S. (2010): The Politics of Postanarchism. Edinburgh: Edinburgh University Press.

Paterson, R.K. (1971): The Nihilistic Egoist: Max Stirner. Oxford University Press.

Plato: The Republic. B. Jowett (trans.). The Project Gutenberg. http://www.gutenberg.org/files/150/150.txt

Tormey, S. (2007): Consumption, Resistance and Everyday Life: Ruptures and Continuities, Journal of Consumer Policy, 30, pp. 263–280.

Reich, W. (1980): The Mass Psychology of Fascism. New York: Farrar, Straus and Giroux.

Schmitt, C. (2005): Political Theology, Four Chapters on the Concept of Sovereignty. G. Schwab (trans.). Chicago: University of Chicago Press.

Schachter, M. D. (2008): Voluntary Servitude and the Erotics of Friendship: from classical antiquity to early modern France. Hampshire: Ashgate.

Schürmann, R. (1987): Heidegger on Being and Acting: From Principles to Anarchy. C.-M. Gros (trans.). Bloomington: Indiana University Press.

Stirner, M. (1995): The Ego and Its Own. D. Leopold (trans., ed.). Cambridge: Cambridge University Press.

Maurice Schuhmann

Stirners Konzept von „Selbstermächtigung"
Von der Überwindung der Entfremdung, über die Freiheit hin zur Eigenheit

> *„Suchet Euch Selbst, werdet Egoisten,*
> *werde jeder von euch ein allmächtiges Ich!"*
> (EE, S. 172)

Die egozentrische Philosophie des deutschen Junghegelianers Max Stirner beruht auf einem radikalen Konzept von Selbstermächtigung[1] bzw. eines Sich-Selbst-Ermächtigens des Individuums, wie man es wegen seines Prozesscharakters korrekterweise bezeichnen müsste. Seine Konzeption von Selbstermächtigung unterscheidet sich deutlich von dem seit den 80er Jahren in den Selbsthilfebewegungen und auch in der Heilpädagogik verwendeten Begriff der Selbstermächtigung. Für Stirner ist das Konzept der Selbstermächtigung nicht als Methodik für marginalisierte Individuen oder Gruppen gedacht, die mit der Hilfe von gewissen Strategien und Maßnahmen ein Mehr an Selbst-bestimmung und Autonomie gewinnen. Sein Ansatz, der sich am ehesten im Begriff der ‚Eigner-Werdung' fassen lässt, ist ein genereller Ansatz für Individuen, sich ihrer selbst als konkrete und vergängliche Individuen bewusst zu werden und aus sich selbst heraus die Legitimität für ihr Denken, Handeln und Tun zu schöpfen. Unter dem Begriff ‚Eigner-Werdung' ver-

---

[1] In Stirners Werk taucht der Begriff der ‚Selbstermächtigung' nicht auf, obwohl der Begriff des ‚Selbst' eine herausragende Stellung in seinem Werk einnimmt. Er spricht u. a. wiederholt von Selbstfindung, Selbstbefreiung, Selbstbewusstsein und Selbstauflösung.

stehe ich den sinnbildlichen Prozess, den das Individuum in seiner Entwicklung von der Stufe des ,Besessenen' hin zum ,Einzigen' durchläuft. Stirner paraphrasierend ließe sich der Prozess mit der Parole „Werdet bewusste Egoisten" wiedergeben.

In seinem Text *Recensenten Stirners*, eine Erwiderung an seine Kritiker, schreibt er über diese Entwicklung – „Die Entwicklung des Einzigen ist deine und meine Selbstentwicklung, eine ganz einzige Entwicklung, da deine Entwicklung durchaus nicht meine Entwicklung ist" (KAK, S. 73).[2] Dieser Prozess der Selbstermächtigung, den Stirner in seinem 1844 erschienen Hauptwerk *Der Einzige und sein Eigentum* (im Folgenden EE) thematisiert, beruht auf drei Grundpfeilern –

– Selbsterkenntnis und -bewusstwerdung

– Selbstbefreiung

– Selbstkonstituierung.

Der Prozess der Selbsterkenntnis beginnt bereits sinnbildhaft nach der Geburt eines Menschen in der Form des sich herausbildenden Selbstbewusstseins.

> Von dem Augenblick an, wo er das Licht der Welt erblickt, sucht ein Mensch aus ihrem Wirrwarr, in welchem auch er mit allen Anderen bunt durcheinandergewürfelt wird, *sich* herausfinden und *sich* zu gewinnen. [...] Im Kindesalter nimmt die Befreiung den Verlauf, dass Wir auf den Grund der Dinge oder 'hinter die Dinge' zu kommen suchen: daher lauschen Wir allen ihre Schwächen ab, wofür bekanntlich Kinder einen sicheren Instinkt haben, daher zer-

---

2 Stirner, M. (2003): Recensenten Stirners. In: Recensenten Stirners – Kritik und Antikritik. Mit einer Einleitung von Bernd Kast, herausgegeben von Kurt W. Fleming, Leipzig: Verlag Max Stirner Archiv. [Im Folgenden: KAK].

brechen Wir gerne, durchstöbern gern verborgene Winkel, spähen nach dem Vehüllten und Entzogenen, und versuchen Uns an allem. Sind Wir erst dahintergekommen, so wissen Wir Uns sicher; sind Wir z.B. dahintergekommen, dass die Rute zu schwach ist gegen Unsern Trotz, so fürchten Wir sie nicht mehr, ‚sind ihr entwachsen‘ [...] *Geist* heißt die *erste* Selbstfindung, die erste Entgötterung des Göttlichen, d. h. des Unheimlichen, des Spuks, der ‚oberen Mächte‘. (EE, S. 19 f.)

Dieser Prozess steht aber nicht nur am Anfang der menschlichen Entwicklung, sondern auch am Beginn der Eignerwerdung. Sowie das Kind die Welt hinter den Dingen erkennt, so hat das Individuum sich selbst hinter den Ideen zu finden.

Wie Ich Mich hinter den Dingen finde, und zwar als Geist, so muss Ich *Mich* später auch *hinter den Gedanken* finden, nämlich als ihr Schöpfer und *Eigner* [...] Ich allein bin leibhaftig. Und nun nehme Ich die Welt als das, was sie Mir ist, als die *Meinige*, als Mein Eigentum: Ich beziehe alles auf Mich. (EE, S. 23 f.)

In diesem ‚sich hinter den Gedanken finden‘ verbirgt sich die Vorstellung, dass das Individuum seine eigene Entfremdung, d. h. seine Besessenheit, zu reflektieren vermag. Besessenheit ist gekennzeichnet durch die Selbstverleugnung und das Vorhandensein eines ‚Spuks‘ oder einer ‚fixen Idee‘, worunter Stirner im zeitgenössischen Sinne eine Wahnvorstellung versteht. Er definiert eine solche Idee mit den Worten: „Eine Idee, die den Menschen sich unterworfen hat.“ (EE, S. 53) Darunter fallen für ihn sowohl religiöse und ideologische Überzeugungen als auch sittliche und moralische Gebote. Ihnen ist allen ein religiöses Element gemein, nämlich die Unhinterfragbarkeit des Gegenstandes. Im Begriff des Heiligen kommt dies zum Tragen.

Heiliges existiert nur für den Egoisten, der sich selbst nicht anerkennt, den *unfreiwilligen Egoisten*, für ihn, der immer auf das
Seine aus ist, und doch sich nicht für das höchste Wesen hält, der
nur sich dient und zugleich stets einem höheren Wesen zu dienen meint, der nichts Höheres kennt als sich und gleichwohl für
Höheres schwärmt, kurz für den Egoisten, der kein Egoist sein
möchte, und sich erniedrigt, d. h. seinen Egoismus bekämpft, zugleich aber sich selbst nur deshalb erniedrigt, ‚um erhöht zu
werden‘, also um seinen Egoismus zu befriedigen. (EE, S. 46)

Stirner thematisiert die Entfremdung als einen durch das Individuum vorgenommenen Akt der Selbstverleugnung (vgl.
EE, S. 69 & S. 81). Diese Entfremdungen zu hinterfragen und
sich von ihnen zu befreien, stellt den ersten Schritt der Eigner-
werdung dar. Friedrich Nietzsche wird einen solchen Prozess
der Reflexion darüber ein paar Jahrzehnte später in der *Götzen-
dämmerung* mit der Metapher des „Götzenaushörens" um-
schreiben.

Im Rahmen seiner Erläuterungen unterscheidet Stirner aber
bewusst zwischen angeregten und eingegebenen Gefühlen. Ihm
geht es nicht darum, das Ideal eines völlig autarken und indivi-
dualisierten Individuums zu zeichnen.

Wenn das Eigene dem *Eingegebenen* entgegengestellt wird, so
will der Einwurf nichts verschlagen, dass Wir Isoliertes nicht
haben können, sondern alles im Weltzusammenhange, also
durch den Eindruck des um Uns Befindlichen empfangen, mithin
als ein ‚Eigegebenes‘ haben; denn es ist ein großer Abstand zwischen den Gefühlen und Gedanken, welche durch Anderes in mir
angeregt, und denen, welche Mir *gegeben* werden. [...] Der Unterschied ist also der, ob Mir Gefühle eingegeben oder nur angeregt sind. Die letzteren sind eigene, egoistische, weil sie Mir
nicht *als Gefühle* eingeprägt, vorgesagt und aufgedrungen wur-

den; zu den Ersteren aber spreize Ich Mich auf, hege sie in Mir wie ein Erbteil, kultiviere sie und bin von ihnen *besessen*. Wer hätte es niemals bewusster oder unbewusster gemerkt, dass Unsere ganze Erziehung darauf ausgeht, *Gefühle* in Uns zu erzeugen, d. h. sie uns einzugeben, statt die Erzeugung derselben [...]. (EE, S. 74)

Diese Passage kann mit der bekannten Aussage Stirners aus *Das unwahre Prinzip unserer Erziehung* kontrastiert werden – „Das Wissen muss sterben, um als Wille wieder aufzuerstehen und als freie Person sich täglich neu zu schaffen" (UP, S. 97)[3]. Auch hier gilt es, das Individuum von aufgepfropftem Wissen, d. h. fremden Ideen, zu befreien und die individuelle Persönlichkeit zu befördern.

Er entwirft in jenem Essay den Ansatz einer späteren Antipädagogik, die auf der Annahme beruht, dass der Lehrer lediglich als Unterstützer zu handeln hat, um dem Kind die Entwicklung der eigenen Individualität zu ermöglichen. Zentral ist hierfür der Aspekt des Willens, der im *Einzigen* nur noch durchscheint, aber nicht mehr explizit bezogen auf die Eignerwerdung angesprochen wird.

Im Akt der Erkenntnis seiner selbst ist bereits der Akt der eigenen Befreiung integriert. Hier setzt Stirner auf den aktiven Akt der (Selbst-) Befreiung, den er von der Emanzipation als passiven Zustand des Befreitwerdens abgrenzt (vgl. EE, S. 175). Diese Überwindung der fixen Ideen und damit auch der Entfremdung umschreibt er mit einer religiösen Metaphorik – „Verdaue

---

[3] Stirner, M. (1986): Das unwahre Prinzip unserer Erziehung. In: ders.: Parerga – Kritiken – Repliken, herausgegeben von Bernd A. Laska. Nürnberg: Verlag LSR. [Im Folgenden: UP].

die Hostie und Du bist sie los!" (EE, S. 106). Dieses Verdauen findet ihr Äquivalent im Begriff der Aneignung. In jenem Prozess der Aneignung wird das ‚Fremde' überwunden und zum ‚Eigenen' gemacht.

Aus jenem Akt der Befreiung geht das Individuum als ‚Freier' hervor. Es hat sich von etwas befreit, wobei jene Freiheit von ihm lediglich im Sinne Isaiah Berlins als ‚negative Freiheit' verstanden wird. „Frei sein von etwas – heißt nur: ledig oder los sein." (EE, S. 164) Sie ist an sich inhaltsleer und verkommt in ihrer Absolutheit zur Utopie.

Dem Begriff ‚Freiheit' stellt er den der ‚Eigenheit' entgegen, der m. E. als ein positiver Freiheitsbegriff verstanden werden kann. Die Eigenheit ist dieser Lesart nach die Freiheit und Möglichkeit zum Handeln. In der Gegenüberstellung von ‚Freiheit' und ‚Eigenheit' gewinnt letzterer auch seine Konturen –

> Die Eigenheit schließt jedes Eigene in sich und bringt wieder zu Ehren, was die christliche Sprache verunehrte. Die Eigenheit hat aber auch keinen fremden Maßstab, wie sie denn überhaupt keine *Idee* ist, gleich der Freiheit, Sittlichkeit, Menschlichkeit u. dgl.: sie ist nur eine Beschreibung des – *Eigners*. [...] Unter der Ägide der Freiheit werdet Ihr Vielerlei los, aber Neues beklemmt Euch wieder: 'den Bösen seid Ihr los, das Böse ist geblieben'. Als Eigene seid Ihr wirklich Alles los, und was euch anhaftet, das habt Ihr angenommen, das ist eure Wahl und euer Belieben. Der Eigene ist der geborene Freie, der Freie von Haus aus; der Freie dagegen nur der Freiheitssüchtige, der Träumer und Schwärmer. (EE, S. 178 & S. 181)

In dieser Eigenheit drückt sich somit jenes Selbst oder – dem Sprachgebrauch Stirners folgend – das ‚Ich' aus, dessen Ermächtigung das erklärte Ziel Stirners ist. Jenes konkrete und vergängliche ‚Ich‘, was sich nicht durch Namen nennen lässt (vgl. EE, S. 369), beschreibt Stirner im Ausklang des ersten Teils seines Werkes mit dem Bild von Schöpfung und Geschöpf – „Ich bin Schöpfer und Geschöpf in Einem" (EE, S. 158 f.). Dies ist ein wesentlicher Zug des stirnerianischen Konzepts von Selbstermächtigung. Für Stirner ist dieser Prozess als ein schöpferischer Prozess zu denken.

Ist sich das Individuum dessen bewusst, so lässt es sich nicht mehr durch eine fremde Macht demütigen –

> Ich *demütige* Mich vor keiner Macht mehr und erkenne, dass alle Mächte nur meine Macht sind, die ich sogleich zu unterwerfen habe, wenn sie eine Macht *gegen* oder *über* Mich zu werden drohen: jede derselben darf nur eins *meiner Mittel* sein, Mich durchzusetzen, wie ein Jagdhund unsere Macht gegen das Wild ist, aber von Uns getötet wird, wenn er Uns selbst anfiele. Alle Mächte, die Mich beherrschen, setze Ich dann dazu herab, Mir zu dienen. Die Götzen sind durch Mich: Ich brauche sie nur nicht von neuem zu schaffen, so sind sie nicht mehr; 'höhere Mächte' sind nur dadurch, dass Ich sie erhöhe und Mich niedriger stelle. (EE, S. 357)

Dieses, sich so konstituierende Ich, hatte Stirner bereits in seinem 1842 publizierten Aufsatz *Das unwahre Prinzip unserer Erziehung* als idealtypischen Akteur auf den Lernprozess bezogen thematisiert –

> Wenn der Mensch erst seine Ehre darein setzt, sich selbst zu fühlen, zu kennen und zu betätigen, also in Selbstgefühl, Selbstbewusstsein und Freiheit, so strebt er von selbst, die Unwissenheit, die ihm ja den fremden, undurchdrungenen Gegenstand zu

einer Schranke und Hemmung seiner Selbsterkenntnis macht, zu verbannen. (UP, S. 91)

Die Selbsterkenntnis und die Selbstbefreiung gehen dabei Hand in Hand. Aus der Selbsterkenntnis ergibt sich der Wille zur Selbstbefreiung, den er im Kontext seines Einzigen lediglich unterschwellig anklingen lässt.[4]

Eng verbunden mit dieser Erkenntnis des eigenen Selbst ist der Begriff des ‚Eigentums'. „Erst dann, wenn Ich meiner gewiss bin und Mich nicht mehr suche, bin Ich wahrhaft mein Eigentum" (EE, S. 324). Stirner versteht unter dem ‚Eigentum' alles, was das Individuum in seiner Macht hat oder über das es Verfügungsgewalt hat – sowohl ideell als auch materiell. Das Kapitel *Meine Macht* klingt mit dem Dreisatz:

Meine Macht ist mein Eigentum.
Meine Macht gibt Mir Eigentum.
Meine Macht bin Ich selbst und bin durch sie mein Eigentum.
(EE, S. 191)

aus.

Die eigene Macht und damit auch das eigene Potential zu erkennen, ist ein integraler Bestandteil jenes Prozesses der Eignerwerdung. Aus jener Bewusstwerdung erwächst auch die Legitimität ihrer Anwendung, d. h., die Legitimität des Handelns leitet sich aus den individuellen Potentialen des Individuums ab.

---

[4] Der Begriff Wille ist zwar im Einzigen omnipräsent, aber im Gegensatz zu anderen zentralen Begriffen (Macht, Verkehr) widmet er diesem kein eigenes Kapitel.

Ob Ich Recht habe oder nicht, darüber gibt es keinen anderen Richter, als Mich selbst. Darüber nur können andere urteilen und richten, [...] ob es auch für sie als Recht bestehe [...] Ich leite alles Recht und alle Berechtigung aus *Mir* her; Ich bin zu allem *berechtigt,* dessen Ich mächtig bin. (EE, S. 193 & S. 195)

Selbstermächtigung ist in diesem Sinne auch mit der Idee verbunden, dass die Potentiale des Individuums seinen Handlungsradius bestimmen und legitimieren. Jeglichen fremden Maßstab hierfür lehnt Stirner strikt ab. Es kann keine externe, außerhalb des Individuums liegende Legitimationsgrundlage geben. Ähnlich argumentierte auch der amerikanische Autor Henry David Thoreau in seiner Schrift *Civil Disobedience*, in der er sein eigenes (individuelles) Gewissen zum einzigen Maßstab seines Handelns erklärte.

Die letzte Stufe des Prozesses ist der Übergang vom ‚Eigner‘ zum ‚Einzelnen‘. In dieser letzten Stufe manifestiert sich die Bewusstwerdung der eigenen Einzigartigkeit. „Erst dann, wenn Ich Meiner gewiss bin und Mich nicht mehr suche, bin Ich wahrhaft mein Eigentum: Ich habe Mich, darum brauche und genieße Ich Mich." (EE, S. 324)

Die letzte Stufe jenes Prozesses der Selbstermächtigung beschreibt er im letzten Kapitel des Einzigen: „Eigner bin Ich meiner Gewalt, und Ich bin es dann, wenn Ich Mich als Einzigen weiß. Im Einzigen kehrt selbst der Eigner in sein schöpferisches Nichts zurück, aus welchem er geboren wird" (EE, S. 412). In diesem Schritt gelingt es dem Individuum, zu seinem nicht näher von Stirner definierten Kern der Individualität vorzudringen (vgl. Schuhmann 2011). Dieser Zustand basiert wie die gesamte Philosophie Stirners auf einem fluiden Konzept, was sich jeglicher Fixierung auf einen konstanten Zustand generell entzieht.

Seine Begriffswahl erläutert er in seiner 1845 veröffentlichten Antwort auf seine ersten Kritiker aus dem junghegelianischen Umfeld detailliert.

> Durch das Wort Einziger soll nicht gesagt werden, was Du bist, wie man dadurch, dass man bei der Taufe Dir den Namen Ludwig zulegt, nicht sagen will, was Du bist. [...] Der Einzige soll nur die letzte, die sterbende Aussage sein, welche in die Meinung umschlägt: eine Aussage, die keine mehr ist, eine verstummte Aussage. [...] Wer aus dem Einzigen als aus einem Begriffe noch einen eigenen Gedankeninhalt ableiten wollte, wer da meinte, mit dem 'Einzigen' sei von Dir ausgesagt, was Du seist: der würde eben beweisen, dass er an Phrasen glaubt, weil er die Phrasen glaubt, weil er die Phrasen nicht als Phrasen erkennt, er würde zeigen, dass er in der Phrase einen eigenen Inhalt sucht. (KAK, S. 73 & S. 75)

Der Prozess der Selbstermächtigung lässt sich nach Stirner als ein individueller Prozess verstehen, der von jedem Individuum selbständig zu durchlaufen ist. Er beinhaltet die Selbsterkenntnis, im klassischen Sinne des delphischen Mottos „Erkenne dich selbst", und die darauf beruhende Autonomie des Individuums. Das Individuum hat sich selbst darauf beruhend, eine individuelle Ethik zu erschaffen. Dies spiegelt sich auch in der Aussage wider, dass das Individuum sich nicht zum Ziel- sondern zum Ausgangspunkt machen muss (vgl. EE, S. 331).

Dieser Prozess ist dabei durch seinen fluiden Charakter gekennzeichnet. Die Eignerwerdung ist ein permanenter Vorgang, da sich das Individuum in jedem Moment neu konstituiert. Im Vorwort zu seinem *Einzigen* hat er diesen Zustand bereits mit dem in Anlehnung an Johannes Wolfgang von Goethes Jugendgedicht „Vanitas! Vanitatum, vanitas!" auf den Punkt gebracht – „Ich hab' Mein' Sach' auf Nichts gestellt" (EE, S. 13).

Stirner offeriert eine radikale Utopie der Selbstermächtigung des Individuums, die mit einer Negierung universeller Werte und dem Bruch mit überindividuellen Instanzen (Staat, Kirche, Gesellschaft) einhergeht. Sein Konzept von Selbstermächtigung beruht auf der Diagnose der ‚Besessenheit' und ‚Selbstentfremdung' des Individuums. Statt eigenen, egoistischen Interessen und Bedürfnissen nachzugehen, unterwirft es sich höheren Idealen, Ideologien und Religionen. Die Selbstentfremdung ist somit der Akt einer Selbstentmachtung. Im Anerkennen jenes Fremden, dem das Individuum glaubt sich unterwerfen oder ihm folgen zu müssen, liegt jener aktive Part der Selbstentfremdung.

Das Erkennen dessen und die damit verbundene Befreiung des nicht näher zu fassenden Selbst – dem konkreten ‚Ich' –, welches der Ausgangspunkt seiner Philosophie ist, folgt der Akt der Weltaneignung. Diese Weltaneignung ist an das Potential des Individuums gebunden und kann nicht verallgemeinert werden. Hierin liegt sowohl die Stärke und der Anknüpfungspunkt seiner Philosophie für die praktische Umsetzung seiner Ideen als auch der größte Kritikpunkt an seinem Konzept. Er durchdenkt das Konzept radikal und führt alles auf das konkrete Individuum zurück, welches aus sich heraus in die Rolle kommt, sein eigener Schöpfer und Geschöpf zu werden. Es muss sich nicht nur selbst erkennen, sondern sich auch selbst noch zum Maßstab des eigenen Handelns machen – ohne mehr die Basis von universellen Werten zu haben. Ihm geht es somit nicht lediglich um ein ‚Mehr' an Autonomie und Selbstbestimmung, sondern um die Autonomie und Selbstbestimmung des Individuums an sich. Diese Autonomie ist nicht durch den Konsens einer Mehrheit begrenzt, sondern nur noch durch die Potentiale des Individuums. Stirner denkt damit den Prozess der Selbstermächtigung konsequent vom konkreten Individuum aus. Die gesellschaftliche Ebene klammert er dabei weitgehend aus. Seine Schrift bietet daher vorrangig für die Diskussion um die Selbstermächtigung des Individuums auf rein individueller Ebene Anknüpfungspunkte. Hierfür bietet seine radikale, utopisch-anmutende Konzeption von einem authentischen, selbst- und allmächtigen Ich sicherlich viele Anknüpfungspunkte. Das sich daraus ergebende Konfliktpotential zwischen dem Individuum und seiner Umwelt ist dabei in den Überlegungen von Stirner durch die Potentiale des Individuums determiniert und kann von daher nicht allgemeingültig beantwortet werden.

Literaturverzeichnis

Berlin, I. (1969): Two concepts of liberty. In: ders.: Four essays on liberty. Oxford/New York/Toronto: Oxford University Press.

Nietzsche, F. (1980): Götzen-Dämmerung. In: ders.: Kritische Studienausgabe, Band 6, herausgegeben von Giorgio Colli und Mazzino Montinari. München/Berlin/New York: dtv.

Schuhmann, M. (2011): Radikale Individualität. Zur Aktualität der Konzepte von Marquis de Sade, Max Stirner und Friedrich

Nietzsche. Bielefeld: transcript Verlag. (Zugl. Univ.-Dissertation, FU Berlin 2010).

Stirner, M. (2009): Der Einzige und sein Eigentum. Ausführlich kommentierte Studienausgabe, herausgegeben von Bernd Kast. Freiburg/München: Verlag Karl Albers.

Ders. (2003): Recensenten Stirners. In: Recensenten Stirners – Kritik und Antikritik. Mit einer Einleitung von Bernd Kast, herausgegeben von Kurt W. Fleming. Leipzig: Verlag Max Stirner Archiv.

Ders. (1986): Das unwahre Prinzip unserer Erziehung. In: ders.: Parerga – Kritiken – Repliken, herausgegeben von Bernd A. Laska. Nürnberg: Verlag LSR, S. 75–98.

Thoreau, H.D. (1973): Über die Pflicht zum Ungehorsam gegen den Staat. Und andere Essays, Übersetzung und Nachwort von W.E. Richartz. Zürich: Diogenes.

Wolfgang Eßbach

Der Anteil des Einzigen am Verschwinden des subjektiven Faktors[1]
Eine Fortsetzung zu Marxismus und Subjektivität

1

Was kann bei einer Rede über Subjektivität schon herauskommen? Bestenfalls ein höheres Potential der Macht. Und was kann man bestenfalls mit der Macht anfangen? Sie verspielen. Wer zwingt uns, den wuchernden Diskurs „Marxismus und Subjektivität" fortzusetzen? Der Marxismus der zweiten Hälfte des 19. Jahrhunderts kannte dies Thema nicht. Vielleicht, weil es noch genug „Subjekte" gab. Erfunden wurde das Thema in dem Moment, wo sich abzeichnete, dass der Marxismus der 2. Internationale in tausend Stücke zerbrach, wo Millionen proletarischer Subjekte sich im Ersten Weltkrieg gegenseitig vernichteten. Zwei Versionen des Themas entstanden: die bolschewistische Inthronisation des despotisch souveränen Subjekts der Parteizentrale, das nun selbst in die Hand nahm, was die Entwicklung der Verhältnisse nicht besorgte, und die gegen die marxistisch-leninistische Orthodoxie gerichtete häretische Antizipation einer massenhaft im Klassenkampf aufgeklärten und sich selbstbestimmt erhaltenden proletarischen Subjektivität.

---

[1] Der Text ist ein Wiederabdruck des Aufsatzes von Wolfgang Eßbach „Der Anteil des Einzigen am Verschwinden des subjektiven Faktors. Eine Fortsetzung zu ‚Marxismus und Subjektivität'". In: Concordia. Internationale Zeitschrift für Philosophie, Frankfurt a. M., 1985, Heft 7, S. 2-22. Wir danken dem Materialis Verlag, sc. Herrn Wolfstetter, für die Nebenrechte an der Verwertung des Aufsatzes. Die Herausgeber.

Beide Versionen sprechen von einem Mangel an Begründungen in der Marx'schen Theorie, wie denn durch die Logik der Verhältnisse jenes kollektive Bewusstsein erzeugt werde, das fähig ist, die alte Welt von Ausbeutung und Erniedrigung revolutionär umzugestalten. Mit der Inthronisation des despotisch souveränen Subjekts der Parteizentrale hat die marxistisch-leninistische Orthodoxie das Problem dieses Mangels für sich gelöst. Der Preis dieser Lösung ist bekannt. Angezogen und abgestoßen von dieser Lösung kreisen die Diskurse der Linksradikalen im 20. Jahrhundert von Luxemburg bis Sartre und Marcuse um jenen Mangel. Und auch die Debatten der Revolten der sechziger Jahre und ihrer Ausläufer replizieren dieses Thema: Die Marx'sche Theorie bedarf einer Ergänzung hinsichtlich der Anerkennung des sog. „subjektiven Faktors" – einer Ergänzung, sei es mit Hilfe der humanistischen Positionen der Marx'schen Frühschriften, sei es mit Hilfe der Insertion anarchistischer Subjektkonzeptionen in den Marxismus, sei es mit Hilfe von Importen des Heroismus der antiimperialistischen Guerrilla der Dritten Welt, sei es mit Hilfe einer Kontamination von Marx und Freud.

Die Konjunktur des Themas „Marxismus und Subjektivität" im 20. Jahrhundert wirft zwei Fragen auf:

1. Woher stammen die Konturen der Marx'schen Theorie, die das Thema „Subjektivität" immer wieder zu einer neuralgischen Zone werden lassen?

2. Unter welchen Bedingungen ist es sinnvoll, den Diskurs „Marxismus und Subjektivität" fortzusetzen?

Verlassen wir uns nicht auf die schönen Legenden hagiographischer Marxliteratur. Sie geben für die Frage wenig her, wann und aufgrund welcher Bedingungen das Marx'sche Denken jene spezifischen Konturen gewonnen hat, die das Thema „Subjektivität" zum Problem werden lassen. Wir müssen zurückgehen in das vormärzliche Deutschland zu einer Gruppe junger Intellektueller, deren akademische Karrieren scheitern, die angewidert von den politischen und moralischen Zuständen ihrer Zeit sich zusammensetzen und in ein paar Jahren intensivster Diskussion das theoretische Universum aller möglichen Formen der Kritik der Gesellschaft durchschreiten. Wir müssen zurückgehen in die Debatten der Junghegelianer, die weit mehr sind, als nur die Brutstätte der Marx'schen Theorie. Die Marxhagiographie tritt meist nur beiläufig auf einzelne Junghegelianer ein und reklamiert im Übrigen zentrale Erfindungen der Gruppe wie z. B. die Vermittlung von Theorie und Praxis, das Konzept der Kritik, den Begriff der Ausbeutung, des Klassenkampfes u. a. m. als Marx'sche Entdeckungen.

In der Intellektuellen-Subkultur der Junghegelianer herrschte eine kaum zu überbietende theoretische Streitlust. Ihre Texte sind ein Netzwerk von Anspielungen, Polemiken, gegenseitigen Entwendungen und Revisionen. Gemeinsamer Bezugspunkt der Gruppe ist die Philosophie Hegels. Sie umzustülpen, zu zerschlagen, ihren revolutionären Kern bloßzulegen – an diesem Werk sind alle beteiligt. Aus dem sophistischen Taumel entsteht nicht nur die Marx'sche Theorie, erfunden werden hier auch die Grundrisse des Existenzialismus, der Kritischen Theorie, verschiedenster Spielarten des Anarchismus u. a. m. Was später kam, ist sicher im Detail gründlicher, im Entwurf geschlossener, aber weit weniger originell. Die Analyse des Prozesses der junghegelianischen Debatten ist ein wesentlicher Schlüssel für das Verständnis der spezifischen Kontur der Marx'schen Theorie. Indem sie als Resultat einer Debatte begriffen wird, schaffen wir uns Zugang zu den Argumenten, die im Verlauf der Debatte aufgegriffen bzw. abgewiesen wurden. Von zentraler Bedeutung für die Genese der Grundlinien des historischen Materialismus ist Marx' und Engels' Kontroverse mit ihrem Weggenossen Max Stirner.[2] In der Auseinandersetzung mit Stirner gewinnt die Marx'sche Theorie jene Konturen, die „Subjektivität" zum Problem werden lassen. Stirner ist Gegner und Komplize, Geburtshelfer und böse Fee an der Wiege des Marxismus.

Es ist an der Zeit, die in zahllosen Traktaten aufgehäuften Klischees über Stirner beiseite zu schieben.[3] Das „philosophische Monstrum", das „Kuriosum", der „Prototyp des Kleinbürgers", der „Vordenker des Faschismus" – die Geschichte der Stirner-

---

[2] Vgl. Eßbach, W. (1982): Gegenzüge. Der Materialismus des Selbst und seine Ausgrenzung aus dem Marxismus – eine Studie über die Kontroverse zwischen Max Stirner und Karl Marx. Frankfurt, passim.

[3] Die materialreiche Arbeit von Hans G. Helms, *Die Ideologie der anonymen Gesellschaft.* Max Stirners *Einziger* und der Forschritt des demokratischen Selbstbewußtseins vom Vormärz bis zur Bundesrepublik, Köln 1966 ist selbst ein Moment der Geschichte der Stirnerverfemung. Stirner wird durch die Geschichte des 19. und 20. Jahrhunderts als der große Widersacher des Marxismus und Wegbereiter des Faschismus verfolgt. – Einen Versuch, Stirners Gesamtwerk aus dem Feld der Polemiken herauszuholen, hat Bernd Kast, *Die Thematik des ‚Eigners' in der Philosophie Max Stirners.* Ein Beitrag zur Radikalisierung der anthropologischen Fragestellung, Bonn 1979 vorgelegt. Ihm geht es um die Würdigung der „*positiven* philosophischen Leistung"* Stirners. (Ebd. S. 458).

verfemung ist ebenso noch zu schreiben, wie die Geschichte der esoterischen Stirnerrezeptionen. Sie reichen von Marx und Feuerbach über Nietzsche und Heidegger zu Sartre und Marcuse. Eine neue Lektüre Stirners wird auch behindert durch die wohlfeile Einreihung Stirners in die bunte Ahnenreihe des Anarchismus, Rubrik: Individualanarchismus. Stirner ist posthum zu einem der „Väter des Anarchismus" gemacht worden, und großen Einfluss auf diese Zuordnung hat Engels ausgeübt. Sie war strategisches Element für seine mit allen Mitteln betriebene Abgrenzung zum Anarchismus. Und sie ließ sich besser gegen einen Anarchismus bewerkstelligen, dem die verfemte Gestalt Stirners als Stammvater zugerechnet wurde, als gegen einen proletarischen und kollektivistischen Anarchismus. Diese Zuordnung war darüber hinaus geeignet, den grundlegenden Einfluss Stirners auf die Herausbildung der Marx'schen Theorie zu verdecken.

2

Ein Meisterwerk höchst erfolgreicher Legendenbildung über den Junghegelianismus ist Engels' späte Schrift: *Ludwig Feuerbach und der Ausgang der klassischen deutschen Philosophie* (1888). In der rückblickenden Darstellung der junghegelianischen Debatten unterscheidet Engels zwei Seiten des „Zersetzungsprozesses der Hegelschen Schule". Er nennt auf der einen Seite den Streit zwischen Strauß und Bauer über die Frage, „ob in der Weltgeschichte die ‚Substanz' oder das ‚Selbstbewusstsein' die entscheidend wirkende Macht sei;" und fährt unmittelbar fort: „Schließlich kam Stirner, der Prophet des heutigen

Anarchismus – Bakunin hat sehr viel aus ihm genommen – und übergipfelte das souveräne ‚Selbstbewusstsein' durch seinen souveränen ‚Einzigen'". Demgegenüber sei die „Masse der entschiedensten Junghegelianer" durch die praktischen Notwendigkeiten ihrer Religionskritik auf den englisch-französischen Materialismus zurückgedrängt worden und in Konflikt mit ihren Schulsystemen geraten. „Da kam Feuerbachs ‚Wesen des Christentums'. Mit einem Schlag zerstäubte es den Widerspruch, indem es den Materialismus ohne Umschweife wieder auf den Thron erhob."[4]

Die Legende besteht darin, dass der Eindruck erweckt wird, als ende die Bauer'sche „Philosophie des Selbstbewusstseins" mit Stirner, und Feuerbachs „Materialismus" bilde quasi einen Neuanfang. Engels platziert Stirners *Einzigen und sein Eigentum* (1844) vor Feuerbachs *Wesen des Christentums* (1841). Endlos ist diese Legende repetiert worden. Abgesehen von dem kühnen Umgang mit historischen Daten, abgesehen von der Tatsache, dass Stirner bereits vor 1844 mit der Übersetzung der politischen Ökonomen Say und Smith beschäftig war – man lese Feuerbachs *Wesen des Christentums* und versuche darin etwas Materialismus zu finden. Was Feuerbach 1841 bietet, ist ein aus der Kritik der Religion gewonnener Humanismus, der über „das Wesen des Menschen" redet. Die Eigenschaften, die in der Religion dem göttlichen Wesen zugesprochen werden, dechiffriert

---

[4] Engels, F. (1969): Ludwig Feuerbach und der Ausgang der klassischen deutschen Philosophie. In: Marx-Engels-Werke (im Folgenden MEW), Bd. 21, Berlin (Ost): Dietz, S. 271 f. Auf die Engels-Legende hat zuerst aufmerksam gemacht: Arvon, H. (1954): Aux sources de L' existentialisme: Max Stirner. Paris, S. 168 ff.

Feuerbach als Prädikate der Gattung Mensch. Die Religion ist „die feierliche Enthüllung der verborgenen Schätze des Menschen"[5] (Feuerbach 1976/1841, S. 31), aber diese Schätze, die Trias der Vermögen „Wille", „Herz", „Vernunft", sind einem idealistischen Humanismuskonzept verpflichtet. Man liest dort:

> Wer ist stärker: die Liebe oder der individuelle Mensch? Hat der Mensch die Liebe, oder hat nicht vielmehr die Liebe den Menschen? Wenn die Liebe den Menschen bewegt, selbst mit Freuden für den Geliebten in den Tod zu gehen, ist diese den Tod überwindende Kraft seine eigene individuelle Kraft oder nicht vielmehr die Kraft der Liebe? Und wer, der je wahrhaft gedacht, hätte nicht die Macht des Denkens, die freilich stille, geräuschlose Macht des Denkens erfahren? Wenn du in tiefes Nachdenken versinkest, dich und was um dich vergessend, beherrschest du die Vernunft oder wirst du nicht von ihr beherrscht und verschlungen? Ist die wissenschaftliche Begeisterung nicht der schönste Triumph, den die Vernunft über dich feiert? (Feuerbach 1841/1976, S. 20)

Wenn hier etwas auf den Thron erhoben wird, dann sind es Abstrakta einer Anthropologie der Vermögen.

Was zwei Jahre später bei Feuerbach deutlicher hinzutritt, ist die These, dass die spekulative Philosophie nichts anderes ist „als das *rationalisierte, realisierte vergegenwärtigte Wesen Gottes*".[6] Feuerbachs „neue Philosophie" wird dagegen projektiert als

---

[5] Feuerbach, L. (1841/1976): Das Wesen des Christentums. In: L. Feuerbachs Werke. Hg. v. E. Thies, Bd. 3. Frankfurt a. M., S. 249.
[6] Feuerbach, L. (1843/1975): Grundsätze der Philosophie der Zukunft. In: L. Feuerbach Werke. Hg. v. E. Thies, Bd. 3. Frankfurt a. M., S. 249.

die *vollständige,* die *absolute,* die *widerspruchslose Auflösung der Theologie in der Anthropologie;* denn sie ist die Auflösung derselben nicht nur, wie die alte Philosophie, in der Vernunft, sondern auch *im Herzen,* kurz im *ganzen, wirklichen* Wesen des Menschen. (Feuerbach 1843/1975, S. 317)

Religion wie rationalisierte Religion als spekulative Philosophie sollen in eine Anthropologie kritisch umgekehrt werden, der himmlische abstrakte Reichtum in einen irdischen, der Menschengattung gehörenden, transformiert werden.

Noch knapp zwei Monate vor der Auslieferung von Stirners *Der Einzige und sein Eigentum* schreibt Marx an Feuerbach engagiert über die Verbreitung des *Wesen des Christentums* bei den kommunistischen Handwerkern, er feiert Feuerbachs Schriften von 1843, sie seien „trotz ihres beschränkten Umfangs von mehr Gewicht, als die ganze jetzige deutsche Literatur zusammengeworfen". Der Grund:

Sie haben – ich weiß nicht, ob absichtlich – in diesen Schriften dem Sozialismus eine philosophische Grundlage gegeben, und die Kommunisten haben diese Arbeiten auch sogleich in dieser Weise verstanden. Die Einheit der Menschen mit den Menschen, die auf dem realen Unterschied der Menschen begründet ist, der Begriff der Menschengattung aus dem Himmel der Abstraktion auf die wirkliche Erde herabgezogen, was ist er anders als der Begriff der *Gesellschaft!*[7]

Wenige Monate später, nach der Lektüre Stirners, wird Marx' Rede vom Menschen verstummen. Die schöne und liebenswerte Balance des Feuerbach'schen Humanismus, die Heimbrin-

---

[7] Marx an Ludwig Feuerbach, Brief vom 11. Aug. 1844. In: MEW Bd. 27. Berlin (Ost): Dietz, S. 425.

gung des Reichtums der Religion und der spekulativen Philosophie in das Vermögen der Gattung, die Idee einer neuen Philosophie des Menschen als Grundlage des Sozialismus – in diesem Denken ist Subjektivität noch kein Problem. Und Marx' Schriften bis zur Stirnerlektüre sind ja auch der ideale Zufluchtsort für alle jene, die Bausteine für eine marxistische Theorie des Subjekts suchen.

3

Was Stirner im November 1844 seinen junghegelianischen Kampfgefährten in *Der Einzige und sein Eigentum* zumutet, ist das Werk einer beunruhigenden Desillusionierung. Alle wichtigen theoretischen Bezugspunkte der Gruppe werden einem theoretischen Massaker ausgeliefert: der Glaube an die Avantgardefunktion aufgeklärter Vernunft, das von Bruno Bauer entwickelte Modell der „Kritik", die Hoffnungen auf eine Reform von Staat und Gesellschaft, die revolutionären Zielsetzungen von Sozialisten und Kommunisten – und eben jener aus der Kritik der Religion extrapolierte „Mensch" Feuerbachs.

„Den Gott aus seinem Himmel zu vertreiben und der ‚*Transzendenz*' zu berauben", schreibt Stirner, „das kann noch keinen Anspruch auf vollkommene Besiegung begründen, wenn er dabei nur in die Menschenbrust gejagt und mit unvertilgbarer *Immanenz* beschenkt wird."[8]„Was gewinnen Wir denn, wenn

---

[8] Stirner, M. (1844/1972): Der Einzige und sein Eigentum. Hg. v. Ahlrich Meyer. Stuttgart, S. 51 f. (im Folgenden wird der ‚Einzige' nach dieser Ausgabe unter der Abkürzung EE zitiert.)

Wir das Göttliche außer Uns zur Abwechselung einmal in Uns
verlegen? *Sind Wir* das, was in Uns ist? So wenig als Wir das
sind, was außer Uns ist?" (EE, S. 34) Eine bloße ‚Umkehrung'
oder ‚Umstellung' reicht noch lange nicht aus.

> *Ich* bin weder Gott, noch *der* Mensch, weder das höchste Wesen,
> noch Mein Wesen, und darum ist's in der Hauptsache einerlei,
> ob Ich das Wesen in Mir oder außer Mir denke. Ja Wir denken
> auch wirklich immer das höchste Wesen in beiderlei Jenseitig-
> keit, in der innerlichen und äußerlichen, zugleich: denn der
> ‚Geist Gottes' ist nach christlicher Anschauung auch ‚Unser Geist'
> und ‚wohnet in Uns'. Er wohnt im Himmel und wohnt in Uns;
> Wir armen Dinger sind eben nur seine ‚Wohnung', und wenn
> Feuerbach noch die himmlische Wohnung desselben zerstört,
> und ihn nötigt, mit Sack und Pack zu Uns zu ziehen, so werden
> Wir, sein irdisches Logis, sehr überfüllt werden. (EE, S. 35; siehe
> auch S. 51 & S. 63)

Feuerbachs „wirklicher Mensch" erweist sich als eine Illusion.
Die Religion als projektiven Anthropomorphismus aufzude-
cken, damit ist wenig getan. Die Transformation des Heiligen in
die profane Erde ist kein Fortschritt. Stirner attackiert die be-
ruhigende Vorstellung von einem Gleichgewicht von Entfremdung und Aufhebung der Entfremdung, er attackiert das dialek-
tische Modell, das der Feuerbach'schen Anthropologie zugrunde liegt. Niemals kann die „Aufhebung" der Entfremdung den
gleichen Weg gehen wie die Entfremdung. Was die Wunde
schlägt, das heilt sie auch – die magische Geborgenheit dieser
Vorstellung ist für Stirner zerbrochen.

Das Gleichgewicht von Entfremdung und ihrer Aufhebung konstituiert sich um die „Begriffsfrage: ‚was ist der Menschen'?"
(EE, S. 411). Stirners Buch ist ein leidenschaftliches Plädoyer

dafür, diese Frage nicht mehr zu stellen. „*Der* Mensch ist der letzte *Geist* oder Spuk, der täuschendste oder vertrauteste, der schlaueste Lügner mit ehrlicher Miene, der Vater der Lügen." (EE, S. 202) Der anthropologische Diskurs hat fatale Konsequenzen: „Nicht genug, dass man die große Masse zur Religion abgerichtet hat, nun soll sie gar mit ‚allem Menschlichen' sich noch befassen müssen. Die Dressur wird immer allgemeiner und umfassender." (EE, S. 365)

Stirner stellt die Frage: Wer? – eine Frage, die in der Dialektik verboten ist. „Was ist der Mensch?", bei dieser Frage

> suchte man den Begriff, um ihn zu realisieren; bei ‚wer' ist's überhaupt keine Frage mehr, sondern die Antwort ist im Fragebogen gleich persönlich vorhanden: die Frage beantwortet sich von selbst. (EE, S. 411 f.)

Der anthropologische Diskurs täuscht:

> Wie nahe liegt die Meinung, daß *Mensch* und *Ich* dasselbe sagen, und doch sieht man z.B. an Feuerbach, daß der Ausdruck ‚Mensch' das absolute Ich, die *Gattung*, bezeichnen soll, nicht das vergängliche, einzelne Ich. (EE, S. 200)

Der anthropologische Diskurs ist nur ein

> *Fortschritt* im religiösen, und speziell im christlichen Gebiete, kein Schritt über dasselbe hinaus. Der Schritt darüber hinaus führt ins *Unsagbare*. Für Mich hat die armselige Sprache kein Wort, und ‚das Wort', der Logos, ist Mir ein ‚bloßes Wort'. (EE, S. 201)

Die Proklamation „des Menschen" ist für Stirner die letzte Konsequenz des Christentums. Es sei eine Täuschung, zu glauben, es lege das Christentum dem *Ich* einen unendlichen Wert bei, wie z.B. in der Unsterblichkeitslehre, in der Seelsorge usw. [...] Nein, diesen Wert erteilt es allein *dem Menschen*. Nur *der Mensch* ist unsterblich, und nur, weil Ich Mensch bin, bin auch Ich's. In der Tat musste das Christentum lehren, dass Keiner verloren gehe, wie eben auch der Liberalismus Alle als Menschen gleichstellt; aber jene Ewigkeit wie diese Gleichheit, betraf nur *den Menschen* in Mir, nicht Mich. Nur als Träger und Beherberger des Menschen sterbe Ich nicht, wie bekanntlich ,der König' nicht stirbt'. Ludwig stirbt, aber der König bleibt; Ich sterbe, aber mein Geist, der Mensch, bleibt.

Und gegen Marx gerichtet, fährt Stirner fort:

Um nun Mich ganz mit dem Menschen zu identifizieren, hat man die Forderung erfunden und gestellt: Ich müsse ein ,wirkliches Gattungswesen' (Marx, Zur Judenfrage, 1844, d. V.) werden. (EE, S. 192)

Stirner hatte ins Schwarze getroffen. Noch in den Pariser Manuskripten versuchte Marx, die Einheit von individuellem Leben und Leben der Gattung gegen das Faktum des Todes zu behaupten.

Der *Tod* scheint als ein harter Sieg der Gattung über das bestimmte Individuum und ihrer Einheit zu widersprechen; aber das bestimmte Individuum ist nur ein *bestimmtes Gattungswesen*, als solches sterblich.[9]

Nach der Stirnerlektüre gerät der gesamte anthropologische Diskurs ins Wanken. Engels schreibt spontan an Marx:

---

[9] Marx, K. (1968): Ökonomisch-philosophische Manuskripte aus dem Jahre 1844. In: MEW, Ergänzungsband Schriften bis 1844, Erster Teil. Berlin (Ost): Dietz, S. 539.

Stirner hat recht, wenn er ,den Menschen' Feuerbachs, wenigstens des ,Wesen des Christentums' verwirft; der Feuerbachsche ,Mensch' ist von Gott abgeleitet, Feuerbach ist von Gott auf den ,Menschen' gekommen, und so ist ,der Mensch' allerdings noch mit einem theologischen Heiligenschein der Abstraktion bekränzt.[10]

Und in der *Deutschen Ideologie* konstatieren Marx und Engels: „Feuerbach sagt ,*den* Menschen' statt die ,wirklichen historischen Menschen'."[11]

4

Das ist nicht die einzige Revision, die Marx gezwungen ist, vorzunehmen. Später wird er von der *Deutschen Ideologie* sprechen als einer „Abrechnung" mit seinem „ehemaligen philosophischen Gewissen" (MEW, Bd. 13, S.10). Die *Deutsche Ideologie* ist aber auch die *Wiederholung* des Stirner'schen Werks der Desillusionierung.

Stirner macht gegen die „Philosophie des Selbstbewusstseins" geltend, dem Kritiker gelinge es nicht, dem Denken

die Bedeutung, ,letzte entscheidende Macht zu sein', abzunehmen, diese Herabsetzung und Entheiligung des Denkens, [...] vermag die Kritik nicht herzustellen, weil sie selbst nur Prieste-

---

[10] Engels an Marx, Brief vom 19. Nov. 1844. In: MEW, Bd. 27. Berlin (Ost): Dietz, S. 11 f.

[11] Marx, K./Engels, F. (1969): Die deutsche Ideologie. Kritik der neuesten deutschen Philosophie in ihren Repräsentanten Feuerbach, B. Bauer und Stirner und des deutschen Sozialismus in seinen verschiedenen Propheten. In: MEW, Bd. 3. Berlin (Ost): Dietz, S. 42 (Im Folgenden wird die Deutsche Ideologie nach dieser Ausgabe unter der Abkürzung ,DI' zitiert.)

rin des Denkens ist und über das Denken hinaus nichts sieht als
– die Sündflut. (EE, S. 166)

Und auch für Marx wird die ‚letzte Instanz‘ nicht mehr Vernunft, Bewusstsein, Denken heißen.

Hatte Marx vor der Stirnerlektüre propagiert: „Unser Wahlspruch muss also sein: Reform des Bewusstseins nicht durch Dogmen, sondern durch Analyse des mystischen, sich selbst unklaren Bewusstseins, trete es nun religiös oder politisch auf.“[12] – so ist in der *Deutschen Ideologie* nur noch vom Gegenteil die Rede: „Diese Forderung, das Bewusstsein zu verändern, läuft auf die Forderung hinaus, das Bestehende anders zu interpretieren, d. h. vermittels einer anderen Interpretation anzuerkennen.“ (DI, S. 20)

Sowohl für Stirner wie für Marx und Engels ist Vernunft ohnmächtig, vernünftige Verhältnisse herzustellen. Die Erfahrung des Scheiterns aufklärerisch avantgardistischer Ideen ist den Kontrahenten gemeinsam. Die Reaktion darauf ist nicht Trauer, sondern gesteigerte Lust an den Gesten und Bildern der Depotenzierung der Vernunft. Stirners Auseinandersetzung mit jeder Art Philosophie, wie Marx'/Engels' Auseinandersetzung mit Stirner sind durchzogen von dem Bestreben, den Kontrahenten in der Depotenzierung zu überbieten und ihm seine Mittel als bloß gedankliche aus der Hand zu schlagen.

Stirner:

---

[12] Briefe aus den Deutsch-Französischen Jahrbüchern, Marx an Ruge, Sept. 1843. In: MEW, Bd. 1. Berlin (Ost): Dietz, S. 346.

Idee folgte auf Idee. Prinzip auf Prinzip, System auf System, und keines wusste den Widerspruch des ‚weltlichen' Menschen, des sogenannten ‚Egoisten' auf die Dauer niederzuhalten. Beweist dies nicht, daß alle Ideen zu ohnmächtig waren, Meinen ganzen Willen in sich aufzunehmen und ihm genugzutun? (EE, S. 87)

Für den notwendig zum Scheitern verurteilten idealistischen Standpunkt ist Stirner zufolge charakteristisch, dass alles

ein *frommer Wunsch* (pium desiderium), d. h. ein Jenseits, ein Unerreichtes bleibt. So die allgemeine Seligkeit der Menschen, die sittliche Welt einer allgemeinen Liebe, der ewige Friede, das Aufhören des Egoismus usw. (EE, S. 357)

Wunschdenken ist auch eine der immer wiederkehrenden Kampfvokabeln der *Deutschen Ideologie* gegen Stirner. Dieser folge wie Sancho Pansa den Phantasien seines Herrn, der die Geschichte nach seinen frommen Wünschen vor sich gehen lässt und daher scheitern muss. Die Depotenzierung der Vernunft ist begleitet von einer unverhohlenen aggressiven Schadenfreude gegenüber dem, der dem Denken noch etwas Macht zuschreibt.

„Ihr könnt die Philosophie nicht aufheben, ohne sie zu verwirklichen."[13] Auch dieses zentrale Marx'sche Desiderat fällt der Stirner'schen Polemik zum Opfer: „Die geistlichen Menschen haben sich Etwas *in den Kopf gesetzt*, was realisiert werden soll. Sie haben *Begriffe* von Liebe, Güte u. dergl., die sie *verwirklicht* sehen möchten." (EE, S. 80) Die Verwirklichung der Philosophie, die Herrschaft der Vernunft in den Verhältnissen der In-

---

[13] Marx, K (1844): Zur Kritik der Hegel'schen Rechtsphilosophie. Einleitung. In: MEW, Bd. 1. Berlin (Ost): Dietz, S. 384.

dividuen ist für Stirner eine Zielvorstellung mit fatalen Konsequenzen.

> So weit es von Dir abhängt, könnten alle Menschen vernünftig sein, denn Du hast nichts dagegen, ja so weit dein Denken reicht, kannst Du vielleicht auch kein Hindernis entdecken, und mithin steht auch in deinem Denken der Sache nichts entgegen: sie ist Dir denkbar. [...][Dieser] Gedanke [...] beherrscht die besessene Welt. Nun denn, die Möglichkeit ist nichts anders als die Denkbarkeit, und der grässlichen *Denkbarkeit* sind seither unzählige Opfer gefallen. Es war *denkbar*, dass die Menschen vernünftig werden könnten, denkbar, dass sie Christum erkennen, denkbar, dass sie für das Gute sich begeistern und sittlich werden, denkbar, dass sie alle in den Schoß der Kirche sich flüchten, denkbar, dass sie nichts Staatsgefährliches sinnen, sprechen und tun, denkbar, dass sie gehorsame Untertanen sein *Könnten*: darum aber, weil es denkbar war, war es – so lautete der Schluss – möglich, und weil es den Menschen möglich war (hier eben liegt das Trügerische: weil es Mir denkbar ist, ist es den *Menschen* möglich) so *sollten* sie es sein, so war es ihr *Beruf* [...]. Sie *denken* sich ein Menschen-Ideal, das einstweilen nur in ihren Gedanken wirklich ist; aber sie denken sich auch die Möglichkeit seiner Ausführung [...]. Aber Ich und Du, Wir mögen zwar Leute sein, von denen sich ein Krummacher *denken* kann, dass Wir noch gute Christen werden könnten; wenn er Uns indes ,bearbeiten' wollte, so würden Wir ihn bald fühlbar machen, dass unsere Christlichkeit nur *denkbar*, sonst aber *unmöglich* ist: er würde, grinste er Uns fort und fort mit seinen zudringlichen *Gedanken*, seinem ,guten Glauben' an, erfahren müssen, dass Wir gar nicht zu werden *brauchen*, was Wir nicht werden mögen. [...] Vernunft, Recht, Menschenliebe usw. wird als der Menschen Beruf, als Ziel ihres Trachtens ihnen vor Augen gestellt. Und das heißt vernünftig sein? Sich selbst vernehmen? Nein, die Vernunft ist ein Buch voll Gesetze, die alle gegen den Egoismus gegeben sind. (EE, S. 369–372)

Das Desiderat von der Verwirklichung der Philosophie ist in der *Deutschen Ideologie* verschwunden. Hier heißt es nur noch: „Man muss ‚die Philosophie beiseite liegenlassen', man muss aus ihr herausspringen und sich als ein gewöhnlicher Mensch an das Studium der Wirklichkeit geben." (DI, S. 218) Auch dieser „Sprung' ist Repetition Stirner'scher Polemik: „ein Aufspringen schleudert den Alp der religiösen Welt von der Brust", die Lösung besteht nicht in der Verwirklichung, sondern im *„Abbrechen"* der Philosophie. (EE, S. 164)

In der Wiederholung des Stirner'schen Werks der Desillusionierung gewinnt das Denken von Marx Konturen, die Subjektivität problematisch werden lassen. Subjektivität, sei es im Sinne eines Humanismus der Gattung, sei es im Sinne aufgeklärter Vernunft, sei es im Sinne einer Triebkraft des Bewusstseins und der Freiheit, sei es im Sinne einer Anthropologie der Vermögenskräfte – all diese Bestimmungen der Subjektivität fallen den Formeln einer sich überbietenden antiidealistischen Polemik zum Opfer.

5

Was Stirner Marx lehrte, war die Notwendigkeit eines gravierenden Perspektivwechsels.

> Unter Religion und Politik befindet sich der Mensch auf dem Standpunkte des *Sollens*: er *soll* dies und das werden, soll so und so sein. Mit diesem Postulat, diesem Gebot tritt nicht nur Jeder vor den Andern hin, sondern auch vor sich selbst. (EE, S. 268)

Stirners Argument: Wenn mit Bewusstseinsphänomenen begonnen wird, entsteht notwendigerweise eine Sackgasse, an
deren Ende ein moralischer Imperativ auftaucht. Diese Diagnose wiederholen Marx und Engels; für sie „musste die deutsche
Philosophie, weil sie nur vom Bewusstsein ausging, in Moralphilosophie verenden, wo dann die verschiedenen Heroen einen Hader um die wahre Moral führen" (DI, S. 349).

Der Perspektivwechsel besteht darin, den Bewusstseinsphänomenen ihre *Selbständigkeit* zu nehmen und sie materialistisch zu fundieren. Stirner:

> Im Hegelschen Systeme wird immer so gesprochen, als dächte
> und handelte das Denken oder ‚der denkende Geist', d. h. das
> personifizierte Denken, das Denken als Gespenst; im kritischen
> Liberalismus [d.i. Bruno Bauer W.E.] heißt es stets: ‚die Kritik'
> tue das und das, oder auch: ‚das Selbstbewusstsein' finde das
> und das.

Das Denken sei von selbst tätig. „Das Denken aber, als Voraus-
gesetztes, ist ein fixer Gedanke, ein Dogma." (EE, S. 394 f.)

Marx: „Die Moral, Religion, Metaphysik und sonstige Ideologie
und die ihnen entsprechenden Bewusstseinsformen behalten
hiermit nicht länger den Schein der Selbständigkeit." (DI,
S. 26 f.)

Ebenso verliert der philosophische Fluchtpunkt „Wahrheit" seine autonome Position. „Niemals hat die Wahrheit gesiegt, sondern stets war sie mein *Mittel* zum Siege", schreibt Stirner.

> Die Wahrheit ist tot, ein Buchstabe, ein Wort, ein Material, das
> Ich verbrauchen kann. Alle Wahrheit für sich ist tot, ein Leich-
> nam; lebendig ist sie nur in derselben Weise, wie meine Lunge

lebendig ist, nämlich in dem Maße meiner eigenen Lebendigkeit. (EE, S. 398)

Schließlich heißt es: „Die Wahrheit ist eine – *Kreatur.*" (EE, S. 399) Marx hat diesen Perspektivwechsel in der zweiten Feuerbachthese reformuliert:

> Die Frage, ob dem menschlichen Denken gegenständliche Wahrheit zukomme – ist keine Frage der Theorie, sondern eine *praktische* Frage. In der Praxis muss der Mensch die Wahrheit, i. e. Wirklichkeit und Macht, Diesseitigkeit seines Denkens beweisen.[14]

Es gilt hier auch Abschied zu nehmen von einer in der Marxliteratur grassierenden, liebgewordenen Legende, die davon erzählt, dass die originäre Marx'sche Leistung darin bestünde, den Feuerbach'schen ‚Materialismus' vermittels der aktiven Elemente der idealistischen Dialektik Hegels in Bewegung gebracht zu haben. Einmal abgesehen von der zweifelhaften Etikettierung Feuerbach'scher Positionen vor 1844 als ‚materialistisch' – wenn die Vermittlung materieller und ideeller Elemente in dieser Zeit auf der Tagesordnung gestanden hat, so war es Stirner, der diese Perspektive zunächst entwickelte, die dann in der berühmten ersten Feuerbachthese von Marx wiederholt wurde.

1844 schreibt Stirner:

> Feuerbach pocht in den ‚Grundsätzen der Philosophie der Zukunft' immer auf *das Sein.* Darin bleibt auch er, bei aller Gegner-

---

[14] Marx, K. (1845/1969): Thesen über Feuerbach. In: MEW, Bd. 3. Berlin (Ost): Dietz, S. 5.

schaft gegen Hegel und die absolute Philosophie, in der Abstraktion stecken; denn ‚das Sein' ist wie ‚das Ich'. (EE, S. 381)

In Hegels „absolutem Denken" sei vergessen, „dass es *mein* Denken ist, dass *Ich* denke und dass es nur durch *Mich* ist". Es handelt sich um etwas, dass „Ich in jedem Augenblicke *ändern*" kann. „Feuerbach will Hegels ‚absolutes Denken' durch das *unüberwundene Sein* schlagen. Das Sein ist aber in Mir so gut überwunden als das Denken. Es ist *mein Sein*, wie jenes *mein* Denken." (EE, S. 381 f.)

1845 wiederholt Marx diesen Gedankengang in seiner ersten Feuerbachthese:

> Der Hauptmangel alles bisherigen Materialismus (den Feuerbachschen mit eingerechnet) ist, dass der Gegenstand, die Wirklichkeit, Sinnlichkeit nur unter der Form des *Objekts oder der Anschauung* gefasst wird; nicht aber als *sinnlich menschliche Tätigkeit, Praxis,* nicht subjektiv. Daher die *tätige* Seite abstrakt im Gegensatz zu dem Materialismus von dem Idealismus – der natürlich die wirkliche, sinnliche Tätigkeit als solche nicht kennt – entwickelt. (Marx, 1845/1969, S. 3)

Marx folgt Stirner sowohl auf der abschüssigen Bahn antiidealistischer Polemik, die auf materialistische Fundierungen zielt, als auch in dem Versuch, die materiellen Instanzen nicht als passives Objekt der Anschauung zu begreifen. Über die Differenzen der ins Auge gefassten materiellen Instanzen: bei Stirner der Grundriss eines Materialismus des Selbst, bei Marx das Konzept eines Materialismus der Verhältnisse wird noch zu sprechen sein. Gemeinsam ist Stirner und Marx, die brutale

Faktizität materieller Instanzen und ihre Bewegung zum Ausgangspunkt zu nehmen.

Für Stirner heißt dies: „Vor meinem Denken bin – ich." (EE, S. 395) „Allein zum Denken wie zum Empfinden, also zum Abstrakten wie zum Sinnlichen brauche Ich vor allen Dingen *Mich*, und zwar Mich, diesen ganz Bestimmten, Mich, diesen *Einzigen*." (EE, S. 382)

> [Das] Reich der Gedanken harret seiner Erlösung, harret gleich der Sphinx des ödipischen Rätselwortes, damit es endlich eingehe in seinen Tod. *Ich* bin der Vernichter seines Bestandes, denn im Reiche des Schöpfers bildet es kein eigenes Reich mehr, keinen Staat im Staate, sondern ein Geschöpf meiner schaffenden – Gedankenlosigkeit. (EE, S. 380)

Der Ausgangspunkt ist materieller Natur: gedankenlos, unnennbar, stumm, die produktive Faktizität des Einzigen. Es ist der Ausgangspunkt, von dem alle Bewusstseinsproduktion abhängt und von dem unmöglich abzusehen ist.

Die Voraussetzungen, mit denen Marx beginnt, sind ebenso gedankenlos wie stumm und durch Denken nicht zu verändern, „es sind wirkliche Voraussetzungen, von denen man nur in der Einbildung abstrahieren kann" (DI, S. 20). Ausgangspunkt ist hier der stumme Zwang der Verhältnisse.

> Es zeigt sich also schon von vornherein ein materialistischer Zusammenhang der Menschen untereinander, der durch die Bedürfnisse und die Weise der Produktion bedingt und so alt ist wie die Menschen selbst – ein Zusammenhang, der stets neue Formen annimmt und also eine ‚Geschichte' darbietet, auch ohne dass irgend ein politischer oder religiöser Nonsens existiert, der die Menschen noch extra zusammenhalte. (DI, S. 30)

Diese Voraussetzungen werden ebenso wenig von der Reflexion erzeugt wie Stirners materielles Selbst.

Die Perspektive ist gewechselt. Denken und Bewusstsein, die prominenten Attribute des Subjektbegriffs idealistischer Prägung, sind abgeschminkt. Der Gleichklang der Formulierungen von Stirner und Marx in dieser Frage ist selbst in sprachlichen Nuancen erkennbar. Bewusstseinsformen

> haben keine Geschichte, sie haben keine Entwicklung, sondern die ihre materielle Produktion und ihren materiellen Verkehr entwickelnden Menschen ändern mit dieser ihrer Wirklichkeit auch ihr Denken und die Produkte ihres Denkens. (DI, S. 27)

> Man sagt, in der Weltgeschichte realisiere sich die Idee der Freiheit. Umgekehrt, diese Idee ist reell, sowie ein Mensch sie denkt [...]. Nicht die Idee der Freiheit entwickelt sich, sondern die Menschen entwickeln sich und entwickeln in dieser Selbstentwicklung natürlich auf ihr Denken. (EE, S. 401)

Die Depotenzierung des subjektiv-kognitiven Bereichs im historischen Materialismus – eine Depotenzierung, in die sich jede Debatte über Marx und die Subjektivität verstrickt, – eine Depotenzierung, die ihre klassische Formulierung in den Sätzen gefunden hat: „Es liegt nicht am *Bewußtsein*, sondern – am – *Sein*, nicht am Denken, sondern am Leben" (DI, S. 245), dieses Problemerbe der Marx'schen Theorie ist nicht aufzulösen ohne die Anerkennung der Tatsache, dass die Depotenzierung des subjektiv-kognitiven Bereichs eine Konsequenz der Stirner'schen Position darstellt: „An Mir, dem Unnennbaren, zersplittert das Reich der Gedanken, des Denkens und des Geistes." (EE, S. 164)

6

Verbreitet ist das Missverständnis, Stirners Auffassungen als eine Philosophie des Subjekts zu lesen. Seine Rede vom „Ich" und „*Ich*" und „I c h" legt zwar dies Missverständnis nahe, aber vom Standpunkt einer Subjektphilosophie aus gesehen, ist Stirners „Ich" und „*Ich*" und „I c h" völlig unbrauchbar. Entschieden und wiederholt grenzt Stirner seine Auffassungen von subjektphilosophischen Konstrukten ab.

> Wenn Fichte sagt: ‚Das Ich ist Alles, so scheint dies mit meinen Aufstellungen vollkommen zu harmonieren. Allein nicht das Ich *ist* Alles, sondern das Ich *zerstört* alles, und nur das sich selbst auflösende Ich, das nie seiende Ich, das - *endliche* Ich ist wirklich Ich. Fichte spricht von ‚absoluten' Ich, Ich aber spreche von Mir, dem vergänglichen Ich. (EE, S. 199)

Stirner benutzt zwar Begriffe wie: „Einzelner", „Egoist", „wirklicher Mensch", „Ich", „Einziger", aber alle diese Begriffe sind mit einer unaufhaltsamen quasi sophistischen Energie fermentiert, sie implodieren schon kurz nach ihrer Nennung. So ist auch der Begriff „Einziger" gerade nicht kategorialer Ausgangspunkt für eine Subjektphilosophie.

> Es gibt keine Begriffsentwicklung des Einzigen, es kann kein philosophisches System aus ihm, als aus einem ‚Prinzipe' erbaut werden, wie aus dem Sein, dem Denken oder dem Ich; es ist vielmehr *alle Begriffsentwicklung* mit ihm zu Ende.[15]

---

[15] Stirner, M. (1845/1914/1976): Recensenten Stirners (1845). In: ders., Kleinere Schriften. Hg. v. J.H. Mackay, Treptow/Berlin 1914 (Reprint Stuttgart-Bad Cannstatt 1976), S. 346.

Wenn nicht eine Philosophie des Subjekts, wovon ist dann die Rede? Verschiedene Sprachstrategien Stirners legen es nahe, an den Grundriss eines *Materialismus des Selbst* zu denken. Es ist nicht nur seine rigorose nominalistische Skepsis, die den blendenden Schein der Worte angreift, es ist ebenso sein renitentes Insistieren auf der Anerkennung der Endlichkeit, Fragilität, Akratie und Sterblichkeit des Selbst, die auf den Versuch deuten, die traditionelle Zentrierung des Materialismus auf außersubjektive Gegenständlichkeit zu überschreiten in Richtung auf einen Materialismus des Selbst.

Was Stirner hinter sich lässt, ist das Vertrauen in logozentrische Verfahren, die auf das begriffliche Spiel von Subjekt und Objekt, von Allgemeinem und Besonderem vertrauen.

> Nun, Ich halte Mich nicht für etwas Besonderes, sondern für *einzig*. Ich habe wohl *Ähnlichkeit* mit Andern; das gilt jedoch nur für die Vergleichung oder Reflexion; in der Tat bin Ich unvergleichend, einzig. Mein Fleisch ist nicht ihr Fleisch, mein Geist ist nicht ihr Geist. Bringt Ihr sie unter die Allgemeinheiten ‚Fleisch, Geist‘, so sind das eure *Gedanken*, die mit *meinem* Fleische, *meinem* Geiste nichts zu schaffen haben, und am wenigsten an das Meinige einen ‚Beruf‘ ergehen lassen können. (EE, S. 153)

In Stirners Auffassungen ist das materielle Selbst kein fester Ausgangspunkt, sondern eine unstete Größe, ohne sichere Kohärenz. Es ist ein „sterblicher Schöpfer" (EE, S. 412), nicht nur im Sinne begrenzter Lebenszeit, sondern weil seine *Selbstkohärenz* verletzbar ist.

Jede Annahme eines kohärenten Subjekts ist für Stirner ein illusionäres Unternehmen, vor allem aber der gewaltsame Versuch, dem unsteten Selbst eine fremde Kohärenz aufzuzwingen. Subjektdefinitionen laufen für Stirner notwendigerweise auf eine „Dressur" (EE, S. 373) hinaus. Seine junghegelianischen Zeitgenossen kritisiert Stirner:

> auch die Besten reden's heute noch einander vor, dass man den Staat, sein Volk, die Menschheit und was weiß Ich Alles in sich aufgenommen haben müsse, um ein wirkliches Ich, ein ‚freier Bürger", sein ‚Staatsbürger', ein ‚freier oder wahrer Mensch' zu sein; auch sie sehen die Wahrheit und Wirklichkeit Meiner in der Aufnahme eines fremden Ich's und der Hingebung an dasselbe. (EE, S. 247)

Aus Stirners Perspektive streiten sie sich nur darüber, „welche Ausdehnung der Begriff ‚Mensch' erhalte" (EE, S. 273).

Nur vom Standpunkt eines festen Ichs aus ist Herrschaft möglich, werden Subjekte und Objekte in dauerhafte Größen geschieden. Das unstete Selbst ist unzuverlässiges Objekt, ein eigensinniger Knecht ebenso wie ein sich vergessendes Subjekt, ein Herr ohne Zukunft. Das feste, authentische Ich ist für Stirner eine wirkliche Illusion, „das Stabilitätsprinzip" ist das „Lebensprinzip der Religion" (EE, S. 379), das den Individuen die Spontaneität, die schöpferische Unberechenbarkeit raubt.

Jeder Versuch, das Selbst zu bestimmen, wird von Stirner abgewehrt. Bestimmungslosigkeit ist erkenntnistheoretisch gesehen ein Unding, ist das Nichts im Sinne einer formalen Negation oder, wie Adorno es bei Kierkegaard entwickelt hat, ein „abstraktes Selbst".[16] Erkenntnistheorie bedarf der Vermittlung;

---

[16] Adorno, T.W. (1974): Kierkegaard. Konstruktionen des Ästhetischen. Frankfurt a. M., S. 136 ff.

nur durch Vermittlung kann das konkrete Subjekt erkenntnistheoretisch begriffen werden.

Aber Stirner zielt nicht auf Erkenntnistheorie, denn sie konzentriert sich ja immer notwendigerweise auf einen dürftigen Ausschnitt der Individuen: ihre Fähigkeit zur Erkenntnis. Für das erkennende Subjekt, soll es überhaupt tätig werden, muss das Problem gelöst sein, an dem Stirner laboriert: die Kohärenzfrage, in Stirner'schen Worten: „die Selbstangehörigkeit Meiner" (EE, S. 238).

Nach Stirner kann nicht prinzipiell von einer unverletzlichen Kohärenz des Selbst ausgegangen werden. Die Kohärenz unterliegt einer Dynamik von Zerfall und Neukonstitution. Bei diesem Geschehen handelt es sich nicht um eine Entwicklung im Sinne der Dialektik, sondern um eine unruhige Bewegung von gegenläufiger Dekomposition und Kreation einer neuen Grenze des Selbst.

Ich meinesteils gehe von einer Voraussetzung aus, in dem Ich *Mich* voraussetze; aber meine Voraussetzung ringt nicht nach ihrer Vollendung, wie der ‚nach seiner Vollendung ringende Mensch', sondern dient Mir nur dazu, sie zu genießen und zu verzehren. Ich zehre gerade an meiner Voraussetzung allein und bin nur, indem Ich sie verzehre. Darum ist aber jene Voraussetzung gar keine; denn da Ich der Einzige bin, so weiß ich nichts von der Zweiheit eines voraussetzenden und eines vorausgesetzten Ichs (eines ‚unvollkommenen' und ‚vollkommenen' Ichs oder Menschen), sondern, dass Ich Mich verzehre, heißt nur, dass Ich bin. Ich setze Mich nicht voraus, weil Ich Mich jeden Augenblick überhaupt erst setze und schaffe, und nur dadurch bin Ich, dass Ich nicht vorausgesetzt, sondern gesetzt bin, und wiederum nur in dem Moment gesetzt, wo Ich Mich setze, d. h. Ich bin Schöpfer und Geschöpf in einem. (EE, S. 167)

Das ist deutlich der Versuch, in Hegel'schen Begriffen ein Problem jenseits der Dialektik zu formulieren.

Die Möglichkeit der kreativen Selbstsetzung beruht auf der materiellen Verletzbarkeit des Selbst. Existenz heißt nach der einen Seite Sich-verzehren. Dieser Zerfall der Selbstkohärenz ist für Stirner dauerhaft nicht aufzuhalten. Er wird auch nicht unter negativen Vorzeichen gesehen, sondern als Existenzbedingung, die durch idealistische Bestimmungen verkleistert wird. „Anders wenn Du nicht einem *Ideal*, als Deiner ‚Bestimmung‘, nachjagst, sondern Dich auflösest, wie die Zeit alles auflöst. Die Auflösung ist nicht Deine ‚Bestimmung‘, weil sie Gegenwart ist." (EE, S. 373)

Der wiederkehrende Zerfall der Kohärenz geht einher mit der Bewegung kreativer Selbstfindung. Erst der Zerfall entbindet die Energien, in deren Verausgabung Kohärenz wieder gewonnen wird. „Der Einzelne ist nur, indem er sich erhebt, er ist nur, indem er nicht bleibt, was er ist; sonst wäre er fertig, tot." (EE, S. 200) Der Einzelne

> hat Kräfte, die sich äußern, wo sie sind, weil ihr Sein ja einzig in ihrer Äußerung besteht und so wenig untätig beharren können als das Leben, das, wenn es auch nur eine Sekunde ‚stillestände‘, nicht mehr Leben wäre. (EE, S. 366)

Die Verausgabung von Kräften steht nicht im Widerspruch zur Kohärenz des Selbst, vielmehr ist erst im Zustand der Verausgabung Kohärenz möglich, Die Verausgabung stößt, auch als Selbstauflösung, an Grenzen, ja sie zielt auf Grenzen, weil nur so eine neue Selbstumgrenzung gewonnen werden kann. Das

„zügellose Ich" ist zugleich das „Ich, wie Ich Mir allein angehö-
re" (EE, S. 219).

Was die paradoxe Dynamik von Selbstangehörigkeit und Akratie so schwer begreiflich macht, ist die reflexhafte Bewegung,
mit der sich der Gedanke an die Zukunft einstellt. Als Endresul-
tat der Geschichte ist ein derart kreativ-zerfallendes Selbst, von
dem Stirner ausgeht, vielleicht vorstellbar. Aber Stirner ist kein
Utopist. Die Prozesse des Zerfalls der Kohärenz und ihrer Neukonstitution sind für ihn die materielle Gegenwart des Selbst,
das sich in unablässiger Revolte gegen die Verkettung repressi-
ver sozialer Beziehungen befindet, die ihm eine Fremdkohä-
renz aufzwingen.

7

In Stirners materiellem Selbst ist der dysfunktionale und verfemte Rest einer jeden Sozialtheorie versammelt, und aus dieser Position heraus entfaltet Stirner einen Typ von Gesellschaftskritik, der nur schwer einzuholen ist. Die Sozialtheorie
operiert mit einem Subjektbegriff, der sich bei genauem Hinse-
hen als ideelle Hülse darstellt. So z. B. die Idee der Menschenrechte, die Stirner in abgründiger Ironie „das teure Werk der
Revolution" nennt. Für ihn haben die Menschenrechte

> den Sinn, daß der Mensch in Mir Mich zu dem und jenem *berech-
> tige*: Ich als Einzelner, d. h. als dieser, bin nicht berechtigt, son-
> dern der Mensch hat das Recht und berechtigt Mich. Als Mensch
> kann Ich daher wohl berechtigt sein, da Ich aber, mehr als
> Mensch, nämlich ein *absonderlicher* Mensch bin, so kann es ge-
> rade *Mir*, dem Absonderlichen, verweigert werden. (EE, S. 352)

Und ebenso geht es mit der Idee bürgerlicher Demokratie. Auch sie operiert mit der Hülse Subjektivität, die nach dem Maß des Souveräns konstruiert ist. „Jeder Staat ist eine *Despotie*, sei nun Einer oder Viele der Despot." (EE, S. 215) „Die Republik ist gar nichts anderes, als die – absolute Monarchie: denn es verschlägt nichts, ob der Monarch Fürst oder Volk heiße, da beide eine ‚Majestät' sind." (EE, S. 251) Was bürgerliche Subjektivität mit der Figur des Souveräns gemeinsam hat, ist die Berufung aufs Allgemeine, der Kultus der Gesamtheit, der Gesellschaft, der im Einzelnen repräsentiert wird. Nur „im Namen von..." hat der Einzelne Geltung, nur „als ein mit seinem Legitimitätszeugnis und Polizeipasse versehenes Ich" (EE, S. 283).

Stirner konfrontiert sein materielles Selbst nicht nur mit den Konstruktionsprinzipien bürgerlicher Vergesellschaftung, sondern – und dies macht seine Wirkung auf das Problem Subjektivität im Marxismus so nachhaltig – auch mit sozialistischen und kommunistischen Argumentationsfiguren. Für Stirner stellen die Theorien der Arbeiterbewegung lediglich eine Verlängerung bürgerlicher Denkmuster dar. So vertausche Proudhon lediglich den Staat in den „Spuk der Sozietät als einer *moralischen Person*". Er mache „aus den ‚Allen' einen Spuk, und macht ihn heilig, so dass dann die ‚Alle' zum fürchterlichen *Herrn* des Einzelnen werden. Auf ihre Seite stellt sich dann das Gespenst des ‚Rechtes'." (EE, S. 277) Stirner bemerkt:

> Ob das Vermögen der Gesamtheit gehört, die Mir davon einen Teil zufließen lässt, oder einzelnen Besitzern, ist für mich derselbe Zwang, da Ich über keine von beiden bestimmen kann. Im Gegenteil, der Kommunismus drückt Mich durch Aufhebung alles persönlichen Eigentums nur noch mehr in die Abhängigkeit

von einem Andern, nämlich von der Allgemeinheit oder Gesamtheit, zurück, und so laut er auch den ‚Staat' angreife, was er beabsichtigt, ist selbst wieder ein Staat, ein Status, ein meine freie Bewegung hemmender Zustand, eine Oberherrlichkeit über Mich. Gegen den Druck, welchen Ich von den einzelnen Eigentümern erfahre, lehnt sich der Kommunismus mit Recht auf; aber grauenvoller noch ist die Gewalt, die er der Gesamtheit einhändigt. (EE, S. 285 f.)

Gegen das Subjekt ‚Staatsbürger' repliziert der Kommunismus:

Nicht darin besteht unsere Würde und unser Wesen, dass Wir alle – die *gleichen Kinder* des Staates, unserer Mutter, sind, alle geboren mit dem gleichen Anspruch auf ihre Liebe und ihren Schutz, sondern darin, dass Wir alle *füreinander* da sind. Dies ist unsere Gleichheit oder darin sind Wir *gleich*, dass Ich so gut als Du, jeder für den anderen, tätig sind oder ‚arbeiten', also darin, dass jeder von Uns ein *Arbeiter* ist. (EE, S. 130)

Das Prinzip gesellschaftlicher Arbeit beruht aber ebenso wie die Prinzipien der Bourgeoisie auf der Verfemung von Bestrebungen des materiellen Selbst.

Wärest Du ein ‚Faulenzer', so würde er [der Kommunismus, W.E.] zwar den Menschen in Dir nicht verkennen, aber als einen ‚faulen Menschen' ihn von der Faulheit zu reinigen und Dich zu dem *Glauben* zu bekehren streben, dass das Arbeiten des Menschen ‚Bestimmung und Beruf' sei. (EE, S. 133 f.)

Was sich beim Übergang der bürgerlichen Welt in den Kommunismus ändert ist: „Das Bürgertum machte den Erwerb frei, der Kommunismus *zwingt* zum Erwerb." (EE, S. 134) Die Welt der Bourgeoisie, am Zustand gesetzlicher Freiheit orientiert, lässt das materielle Selbst, sofern es sich gelten macht, ins Gefängnis wandern. Die Welt des Kommunismus, am Zustand gesellschaftlicher Arbeit orientiert, hält für die Bestrebungen des materiellen Selbst die Krankenhäuser bereit. Der Übergang von der Herrschaft der Bourgeoisie zum Kommunismus stellt sich für Stirner als Übergang von der am „Verbrechen" gebildeten „Straftheorie" zu der an der „Krankheit" gebildeten „Heiltheorie" dar. Die eine sieht „in einer Handlung eine Versündigung gegen das Recht", die andere nimmt die Handlung „für eine Versündigung des Menschen *gegen sich, als einen* Abfall von seiner Gesundheit" (EE, S. 265).

Beide Formen basieren auf einem definierten Subjektbegriff. Stirner jedoch redet vom „Unmenschen", i. e.: „ein Mensch, welcher dem *Begriffe* Mensch nicht entspricht" (EE, S. 194). Dieser „Unmensch" ist für gesellschaftliche Organisationsformen, die auf feste, ihre Definitionen weder unter- noch überschreitende Subjekte rechnen, nicht zu gebrauchen.

> Gehe die Toleranz eines Staates noch so weit, gegen einen Unmenschen und gegen das Unmenschliche hört sie auf. Und doch ist dieser ‚Unmensch' ein Mensch, doch ist das ‚Unmenschliche' selbst etwas Menschliches, ja nur einem Menschen, keinem Tiere, möglich, ist eben etwas ‚Menschenmögliches'. Obgleich aber jeder Unmensch ein Mensch ist, so schließt ihn doch der Staat aus, d. h. er sperrt ihn ein, oder verwandelt ihn aus einem Staatsgenossen in einen Gefängnisgenossen (Irrenhaus- oder Krankenhausgenossen nach dem Kommunismus). (Ebd.)

Diese geniale Antizipation ist bereits 1844 entwickelt: Ein Denken, das vom Vorrang des Prinzips vergesellschafteter Arbeit ausgeht, führt, zu Ende gedacht, dahin, die qualitative Differenz eines jeden materiellen Selbst, sofern es sich behaupten will, nicht mehr als Verbrechen, sondern als Krankheit zu verfolgen, die Einsperrung mutiert zur Psychiatrisierung.

8

Aus Stirners Typ von Gesellschaftskritik erwächst Marx' großes Problem, von der Idee des Sozialismus zu retten, was zu retten ist. Stirner zwingt Marx, aus der liebenswerten Gemeinde der Sozialutopisten, der er bis zur Stirnerlektüre angehörte, auszubrechen. Marx' Bruch mit Moses Heß, seine beißende Abrechnung mit den Wahren Sozialisten und schließlich die Begründung eines *wissenschaftlichen* Sozialismus, der auf Utopie und Subjektivität weitgehend verzichtet, ist Konsequenz der Anerkennung Stirner'scher Positionen. Es handelt sich freilich um eine ambivalente Anerkennung. Denn Marx lässt das ganze Thema Subjektivität, das in der Stirner'schen Argumentation bis zum Siedepunkt des materiellen Selbst getrieben war, fallen. Marx anerkennt und vollzieht die Konsequenzen der Stirner'schen Polemik: Verzicht auf Anthropologie und Sozialutopie, aber er vermeidet jede Berührung mit dem Konzept eines Subjektdefinitionen aufsprengenden materiellen Selbst.

Stirners Unterscheidung von „Mensch" und „Ich", d. h. von Subjektdefinition und materiellem Selbst, wird in der *Deutschen Ideologie* lächerlich gemacht als eine „Neuerung, die in alle Wechselbriefe, Heiratskontrakte usw. die größte Verwirrung bringen und alle Notariats- und Zivilstandsbüros mit einem Schlage vernichten würde" (DI, S. 433). Für Marx operiert Stirner lediglich mit „komischen", „subtilsten" und „lumpigen Distinktionen" (DI, S. 254 & S. 385). Das ganze Thema der Selbstkohärenz ist ihm zutiefst suspekt. Stirners „Einzigkeit" ist „zu einer Qualität herabgesunken, die er mit jeder Laus und jedem Sandkorn teilt" (DI, S. 428). Die Selbstkohärenz sei immer gegeben, „solange er noch die Lebensäußerungen eines Polypen, einer Auster, ja eines galvanisierten Froschleichnams von sich zu geben vermag" (DI, S. 386). Die Fähigkeit des materiellen Selbst, Subjektdefinitionen aufzusprengen, ist für Marx „eine große Magie" (DI, S. 277).

> Jedem wirklichen Bestimmen gegenüber setzt er sich die Bestimmungslosigkeit als Bestimmung, unterscheidet von sich in jedem Momente den Bestimmungslosen, ist so in jedem Momente auch ein Anderer, als er ist, eine dritte Person, und zwar der Andere schlechthin, der heilige Andere, der jeder Einzigkeit gegenüberstehende Andere, der Bestimmungslose, der Allgemeine, der Gemeinde, der – Lump. (DI, S. 273)

Marx und Engels versuchen, Stirners materielles Selbst nach zwei Seiten abzudrängen: einmal in die Richtung einer naturalistischen Regression („Laus", „Sandkorn", „galvanisierter Froschleichnam"), zum anderen zurück in die spekulative Subjektphilosophie. Stirners „Ich ist stets ein stummes, verborgenes ‚Ich', verborgen in seinem als *Wesen* vorgestellten *Ich*" (DI, S. 249). Stumm ist Stirners materielles Selbst in der Tat, aber deshalb ist es noch lange kein als „Wesen vorgestelltes Ich". Für Marx soll nur die materielle Instanz anders vorgestellt werden.

So sehr er auch versucht, Stirners Materialismus des Selbst als triviale, auf alles Existente anzuwendende Tautologie oder als reine Phantastik abzuwehren, Marx kann nicht mehr zurück in die glückliche Welt sozialer Utopie. Marx folgt Stirners Bahn der Auflösung des Subjekts, aber nicht, um zu einem unsteten, fragilen, seiner Kohärenz ungewissen „schöpferischen Nichts" zu gelangen, sondern, um dies zu vermeiden, sucht Marx eine andersgeartete Fundierung, – eine Fundierung in den materiellen Verhältnissen. Der Mensch in seiner Wirklichkeit ist nichts weiter als „das Ensemble der gesellschaftlichen Verhältnisse" (Marx, 1845/1969, S. 6). Die Verhältnisse sind das einzige wirkliche Maß und der einzige sinnvolle Modus, um über das zu reden, was man „Subjektivität" nennt.

Reden wir nicht weiter vom Menschen, reden wir von den materiellen Verhältnissen – ist Marx' Postulat. Es ist dies der theoretische Stachel, der wieder und wieder die Debatte über Marx und die Subjektivität antreibt; und es ist zugleich eine theoretische Mauer, die verhindert, dass eine Philosophie des Subjekts im Marxismus Fuß fassen kann. Und jede genaue Lektüre von Marx zwingt ebenso, die theoretische Mauer anzuerkennen, wie sie den theoretischen Stachel spüren lässt. Auch Stirner kann denen nicht helfen, die eine Philosophie des Subjekts in den Marxismus inserieren wollen. Denn Stirners Angriff auf feste, authentische Subjektdefinitionen war der Ausgangspunkt für Marx, in den „Verhältnissen" eine Instanz ausfindig zu machen, die als Substitut für all jene Träume herhalten muss, die sich mit dem Thema ‚Mensch' verbunden hatten.

Aber mit Stirner wird ein anderes Problem deutlicher. Indem Marx seinen Materialismus der Verhältnisse *gegen* Stirners Grundriss eines Materialismus des Selbst entwickelte, hat der Begriff der „sozialen Verhältnisse" eine spezifische Kontur bekommen. Eine zentrale und aufschlussreiche Formulierung in der Marx'schen Stirnerkritik lautet: Der Grund für die unsinnige Rede von der Einzigkeit liege darin,

> daß die Philosophen die sozialen Verhältnisse nicht als die gegenseitigen Verhältnisse dieser mit sich identischen Individuen und die Naturgesetze als die gegenseitigen Beziehungen dieser bestimmten Körper dargestellt haben. (DI, S. 427)

Marx redet von „Verhältnissen" immer unter der Voraussetzung „mit sich identischer Individuen", d. h., er setzt Individuen voraus, deren Kohärenz sicher ist.

In der Marx'schen Theorie gibt es überhaupt nicht das Problem der Kohärenz des Selbst. Der absolute Vorrang des Denkens in gegenseitigen Beziehungen zwingt zur fraglosen Annahme von Identität bei den Subjekten. Die „mit sich identischen Individuen" – das ist die große Illusion von Marx.

So ist Stirner Geburtshelfer und böse Fee an der Wiege des Marxismus. Geburtshelfer, weil sein Grundriss eines Materialismus des Selbst Marx' Rede vom Subjekt verstummen ließ, und böse Fee, weil alle Geschwätzigkeit über die Verhältnisse bodenlos ist, solange sie illusionär auf der Selbstidentität von Individuen basiert.

9

Wir haben aufgezeigt, woher die Konturen der Marx'schen Theorie stammen, die Subjektivität im Marxismus zum Dauerproblem machen. Wir können nun Bedingungen formulieren, unter denen es sinnvoll ist, den Diskurs „Marxismus und Subjektivität" fortzusetzen. Zugleich können wir versuchen, die aktuelle Dimension der Kontroverse zwischen Stirner und Marx in einigen Thesen aufzuschließen.

1. Es sollte auf die irreführende Argumentation verzichtet werden: Die Marx'sche Theorie tendiere zum Objektivismus und bedürfte daher der Ergänzung des „subjektiven Faktors". Bei Marx' Auflösung des „Menschen" als „Ensemble gesellschaftlicher Verhältnisse" handelt es sich nicht um „Objektivismus", denn jene Verhältnisse sind bei Marx immer nur denkbar als das gegenseitige Verhalten kohärenter, d. h. mit sich identischer Subjekte. Schon gar nicht ist der „subjektive Faktor" Mangelware bei Marx. Im Gegenteil, der Materialismus der Verhältnisse impliziert einen spezifischen und dazu noch illusionären Subjektbegriff. Wenn man sich schon am Subjekt-Objekt-Spiel beteiligen will, so wäre es weitaus gerechtfertigter, den Materialismus der Verhältnisse subjektivistisch zu nennen.

Das „Subjekt" bei Marx nach den Frühschriften fehlt nicht einfach, es ist auch nicht in der Logik des Kapitals verdunstet. Vielmehr erzeugt der Diskurs über die materiellen Verhältnisse ein Subjekt, das nur gilt, wenn es in die Logik der Beziehungen eingepasst ist. Es gibt bei Marx nur das *Beziehungssubjekt*. Das Beziehungssubjekt in verkehrten Beziehungen der bürgerlichen Gesellschaft und das Beziehungssubjekt in die Verkehrung umkehrenden proletarisch revolutionären Beziehungen.

Man versteht jetzt besser, warum sich in den Diskussionen des 20. Jahrhunderts die Ehe zwischen Marx und Freud hat anbahnen können. Bei Marx wie bei Freud geht es um Kollisionen und Verkehrungen, die sich zwischen kohärenten, auf Beziehungen hin angelegten Subjekten ereignen. Das Drama der Sexualität und das Drama der Ökonomie, die Erinnerung der Geschichte und die Erinnerung der Generationen – diese Momente können sich nur entfalten, wenn perspektivisch vom Subjekt als einem mit sich identischen her gedacht und argumentiert wird.

Das freudo-marxistische Paradigma lässt die Welt unter dem Aspekt der Verkehrungen und Verwicklungen der Beziehungen erscheinen. Aber so wenig Marx auch direkt vom Subjekt redet, so sehr Freuds ‚Ich' in bedrohter Lage sich befindet, die Rede über den Mangel an wahren und vernünftigen Beziehungen läuft immer auf das Ziel eines kohärenten Subjekts hinaus. Und diesem Ziel ist der gesamte Bildungsprozess, die Revolution und die Analyse, gewidmet: die Wiederaneignung entfremdeter und verdrängter Kräfte, das Programm der Dialektik.

Meine These ist, dass man mit dem freudo-marxistischen Paradigma nur die Hälfte der modernen Welt begreifen kann. Denn bezogen auf die heute wachsenden Probleme der Instabilität der subjektiven Kohärenzen, der Erschöpfung der Persönlichkeitsressourcen erweist sich der Freudo-Marxismus nicht nur als theoretisch ahnungslos, sondern seine Operationen schreiben sich zunehmend in die Organisation der Herrschaft ein.

2. Die neue Lektüre Stirners lehrt uns, was der Beziehungssubjektivismus von Marx ausschließt, nämlich: die Anerkennung der Existenz von eigentümlichen Zerfalls- und Kompositionsprozessen der ‚Subjekte', die durch keine Logik der Beziehungen einzufangen ist. Stirner ist vor Nietzsche und Artaud der erste, der den modernen Kultus des Sozialen und seiner illusionären Subjektdefinition durchschaut hat. Marx hat diese Ten-

denz des Stirner'schen Denkens deutlich gespürt und im Namen einer Ordnung des Sozialen entschieden abgewehrt. So polemisiert Marx, es sei eine

> Widersinnigkeit, wenn man, wie Sankt Max, unterstellt, man könne eine Leidenschaft, von allen anderen getrennt, befriedigen, man könne sie befriedigen, ohne *sich*, das ganze lebendige Individuum, zu befriedigen. (DI, S. 245)

Stirners Auffassungen liefen darauf hinaus, „daß Alle gegeneinander *ohnmächtig* werden sollen" (DI, S. 402), dass „kein Maß mehr für die Individuen existiert" (DI, S. 418) usw.

Marx beschwört den Schrecken vor der Fragmentierung des Selbst, vor der Entsubjektivierung der Macht, vor einer Maßlosigkeit dort, wo die Rede über die soziale Konstitution des Subjekts aufgegeben wird. Aber Stirners Aktualität liegt gerade darin, dass er den Erpressungen eines den Institutionen verhafteten Denkens nicht nachgibt, dass er sich weigert, die ewigen drei kleinen Fragen der gesellschaftlichen Macht: Was bist du? Wovor hast du Angst? Woran glaubst du? zu beantworten. Es sei hier nur darauf hingewiesen, dass mit Stirner ein Denken in Erscheinung getreten ist, das in den Schriften von Bataille und Foucault – auf je verschiedene Weise – seine Wiederaufnahme gefunden hat – ein Denken, das den absolutistischen Bann der Dialektik begreift und einer Spur folgt, die den Bann überschreitet.

3. Durch Stirner verstehen wir den Rigorismus, mit dem Marx das Problem der Instabilität der Subjekte behandelt. Und es ist dies besonders eine Frage, die die Geschichte des Marxismus

betrifft. Jeder, der sich mit der Rolle des Marxismus in den sozialen Bewegungen des 19. und 20. Jahrhunderts beschäftigt, wird dort immer wieder einer Figur begegnen, die die verschiedensten Namen trägt: „der Streikbrecher", „der Überläufer", „der Klassenverräter", „der immer schwankende Kleinbürger", „der unzuverlässige, unbrauchbare Lumpenproletarier", „der abartige oder asoziale Dissident" u. a. m. Diese Figur passt nicht in die Homologie von Sein und Ideologie, sie stört immer wieder die Harmonie des Klassenkampfes. Wenn die Arbeiterklasse scheitert, man kann sicher sein, Marxisten werden uns auch wieder diese Figur zeigen als den großen Schuldigen am Verpassen geschichtlicher Möglichkeiten. Ich erinnere nur an die ausufernde politische Rhetorik, die jene Figur im Marxismus umkreist. Gehen wir dieser Rhetorik genauer nach, so werden wir in jener Figur alle Verhaltensdimensionen synthetisiert finden, die aus dem Beziehungssubjektivismus herausfallen: Asozialität, Schwanken zwischen den Klassen, Irrationalismus, ein unbrauchbarer Bodensatz der Gesellschaft.

Es handelt sich in traditionellen marxistischen Termini um im weitesten Sinne „kleinbürgerliche Elemente", die das Programm des Kommunismus verderben, und es ist kein Zufall, dass das fatale marxistische Theorem vom „Kleinbürger" erstmals von Marx in der Auseinandersetzung mit Stirner entwickelt wurde. Der „Kleinbürger Stirner" war Marx' theoretischer Notbehelf, das Thema der Instabilität des Subjekts in den Griff zu bekommen. Allein das ist nicht gelungen: Im Marxismus verschwinden die Kleinbürger seit über 100 Jahren in den Zentren Europas ständig, sie werden fortlaufend von den kohärenten

Klassen Bourgeoisie und Proletariat aufgerieben und aufgesogen, längst zum Untergang verurteilt – aber ihr wiedergängerisches Unwesen ist ungebrochen. Denn bei Lichte gesehen handelt es sich darum: In schwankender ökonomischer Lage und schwankendem Bewusstsein ist das Thema der Instabilität des Subjekts Allegorie geworden.

Man täusche sich nicht, wenn angesichts der komplexen Strukturen der hochindustrialisierten Länder die marxistische Polemik gegen den „schwankenden Kleinbürger" geringer wird. An ihre Stelle tritt zunehmend die Polemik gegen den „Asozialen", „Chaoten", gegen den, der „Verwirrung" stiftet. Ein Blick auf das Meer der fortschrittlichen Programme zur Rettung oder Stiftung von „subjektiver Identität" mag ausreichen, um deutlich werden zu lassen, in welche Krise der Beziehungssubjektivismus durch die Instabilität der Subjekte heute geraten ist.

4. Die neue Lektüre der Kontroverse zwischen Stirner und Marx würde sich schnell in Sackgassen verlaufen, wollte man, ausgehend von der zweifelhaften Etikettierung der Marx'schen Theorie als ‚objektivistisch', nun in Stirners Einzigen den ‚fehlenden subjektiven Faktor' dingfest machen. Wir haben nachgewiesen, dass die Grenze des Marx'schen Denkens nicht in seinem sog. ‚Antisubjektivismus', sondern in seinem allgegenwärtigen Beziehungssubjektivismus liegt, der nur den Typ eines kohärenten, mit sich identischen Individuums kennt. Das bedeutet nicht, dass wir von der Kritik an logozentrischen Subjektdefinitionen nun übergehen sollten zur billigen Verherrlichung des instabilen, zerfallenden, abweichenden, minoritären usw. Subjekts – eine Verherrlichung, wie sie von einer linksra-

dikalen Phraseologie des Authentischen vorgeschlagen wird. Damit würde nur eine neue, zwar anders gefärbte, aber nichtsdestoweniger absolutistische Subjektdefinition vorgeschlagen. Stirners präzise Darstellung des Einzigen als „schöpferisches Nichts" widerspricht jeder Einvernahme in eine Folklore des Authentischen.

Wenn es überhaupt so etwas wie ein Authentisches im Subjekt gibt – Stirner hat es bewusst verspielt.

> Wer aus dem Einzigen als aus einem Begriffe noch einen eigenen Gedankeninhalt ableiten wollte, wer da meinte, mit dem ‚Einzigen' sei ausgesagt, *was* Du seist: der würde eben beweisen, dass er an Phrasen glaubt, weil er die Phrasen nicht als Phrasen erkennt, er würde zeigen, dass er in der Phrase einen eigenen Inhalt sucht. (Stirner, 1845/1914/1976, S. 349 f.)

Marx und Engels ist diese implosive Tendenz nicht verborgen geblieben.

Sie nennen Stirner einen „bankerutten Egoisten" (DI, S. 409). Das trifft auch zu – ist aber nicht so schlimm, wie diejenigen glauben machen wollen, die so tun, als ob wir ohne Subjekt-Diskurs nicht leben könnten. Wer zwingt uns, den Diskurs fortzusetzen?

Postskriptum 2013

Der Anteil des Einzigen am Verschwinden des subjektiven Faktors erschien 1985 in *Concordia. Internationale Zeitschrift für Philosophie*, die von dem gebürtigen Cubaner Raul Betancourt Fornet, einem engagierten Vertreter der Philosophie und Theologie der Befreiung, gegründet worden war. Im Auslaufhorizont einer unter den Leitsternen Marx und Freud stehenden gesellschaftskritischen Diskussion situiert, sind viele Bezüge heute nach einem Vierteljahrhundert dramatischer historischer Veränderungen nicht mehr spontan erkennbar. Der Titel spielt ironisch antithetisch auf *Anteil der Arbeit an der Menschwerdung des Affen*, einen Text von Friedrich Engels an. „Subjektiver Faktor" ist eine Prägung des Freudschülers Wilhelm Reich. Dass es in der Tradition des Marxismus an Überlegungen fehle, wie unterdrückte und ausgebeutete Individuen zum Bewusstsein ihrer Lage kommen können, hatte Reich bemerkt, nachdem in der Krise der Weimarer Republik die verelendeten Massen sich schließlich nicht den Linken, sondern den Rechten zuwandten. Die vorherrschenden psychoanalytischen Subjekttheorien, gefördert durch den Freudo-Marxismus Herbert Marcuses, verstärkt durch die „make love not war" Parolen gegen den Krieg in Vietnam erwiesen sich in der Zerfallsphase der Bewegung der Sixties zunehmend als unzureichend. Die Veteranen der Protestbewegung waren alarmiert durch Wahrnehmungen der sich anbahnenden Konjunktur eines egozentrischen Narzißmus, der die Beziehungsfähigkeit der Individuen zu ruinieren drohte.

In dieser Zeit brachte mich meine Begeisterung für die Romane, die unter dem Pseudonym B. Traven zu Weltbestsellern geworden waren, obwohl die Identität des Autors unbekannt blieb, auf die Spur Max Stirners. Rolf Recknagel hatte in B. Traven den Münchener Anarchisten Ret Marut identifiziert, dessen Zeitschrift *Der Ziegelbrenner* (1917–1921) unüberhörbar in der Wolle Stirners gefärbt war. Zur gleichen Zeit machten mich der Psychoanalytiker Franz Heigl und der Psychohistoriker Hans Kilian auf die Arbeiten von Heinz Kohut aufmerksam, dem es gelungen war, ohne Abstriche an der fundamentalen Bedeutung der Sexualität die frühe Genese der Selbstkohärenz als eine weitere nicht minder wichtige Dimension in der Psyche des Menschen auszuweisen. Zu Stirners Insistieren auf der „Selbstangehörigkeit Meiner" ergaben sich für mich unverkennbare Resonanzen, und ebenso wurde mir die jede psychologische Analyse abweisende Struktur der Marx'schen Theorie, wie sie in den Manuskripten der sog. *Deutschen Ideologie* vorliegt, aus Marx und Engels Auseinandersetzung mit Max Stirner erklärbar. Dabei konnte ich an die Forschungen von Henri Arvon anschließen, der 1954 als erster in *Aux sources de l'existentialisme: Max Stirner* sowohl die umfängliche Polemik gegen Stirner im Kapitel „St. Max" als auch die Stirner'sche Philosophie selbst zum Gegenstand einer erst 2012 ins Deutsche übersetzen Studie gemacht hatte.

Der von den Herausgebern des Bandes besorgte Wiederabdruck meines Aufsatzes von 1985 fasst die zentralen Resultate meiner Göttinger Dissertation *Die Bedeutung Max Stirners für die Genese des historischen Materialismus* von 1978 zusammen.

Sie erschien zunächst im Privatdruck. Angefragte Verleger sahen entweder in Stirner einen Vorläufer faschistischer Ideologie oder verlangten eine Umarbeitung, bei der Stirner als Überwinder von Marx profiliert werden sollte. Auf Interesse stieß der Privatdruck nicht nur bei den zerstreuten Stirnerianern in den Ländern des Ostblocks. In Gesprächen mit Pasquale Pasquino, damals Assistent Michel Foucaults und Stipendiat in Göttingen, entstand der Plan eines gemeinsamen Seminars über Max Stirner in Paris, denn Foucault war in jenen Jahren auf der Spur einer Hermeneutik des Selbst, für die die Stoa eine ebenso große Rolle spielte wie für Stirner. 1982 nahm Lothar Wolfstetter meine Dissertation, erweitert um einen Anhang „Sexualität und Gesellschaftstheorie", als Neuausgabe in das Programm seines Materialis-Verlages auf. Der neue Titel signalisierte die These der Arbeit: *Gegenzüge. Der Materialismus des Selbst und seine Ausgrenzung aus dem Marxismus - eine Studie über die Kontroverse zwischen Max Stirner und Karl Marx*. 1985 erschien im selben Verlag zeitgleich mit *Der Anteil des Einzigen am Verschwinden des subjektiven Faktors* Helmut Beckers Nachschrift von Foucaults Vorlesung *Hermeneutik des Selbst* aus dem Jahre 1982, ein Interview, das Helmut Becker und Raul Betancourt Fornet mit Foucault im Januar 1984 geführt hatten, zusammen mit Lothar Wolfstetters Aufsatz *Foucaultiade. Foucaults aktualisierende Transformation der antiken Philosophie in eine Subjekttheorie*, in dem die Linien Stoa, Foucault und Kohut mit Verweis auf die *Gegenzüge* am Schluss provisorisch verknüpft wurden.

Inzwischen hat die Marxforschung insbesondere auf Grundlage der philologischen Untersuchung der Handschriften durch Inge Taubert meine Analysen von damals bestätigt. Im Konvolut der Blätter, die der berühmten nagenden Kritik der Mäuse ausgesetzt wurden, bildet Marx' Stirnerkritik die historisch ältere Schicht, die Teile zu Bruno Bauer und Ludwig Feuerbach wurden später geschrieben. Wenn man die Genese des Marx'schen Denkens verstehen will, tut man gut daran, nicht nur Hegel vom Kopf auf die Füße zu stellen, sondern auch die Kapitel der sog. *Deutschen Ideologie* in umgekehrter Reihenfolge zu lesen.

Heute ist das Licht der Leitsterne Freud und Marx schwächer geworden. Geblieben ist freilich das Problem der freiwilligen Knechtschaft und die Frage, wie subjektive Widerständigkeit sich ermächtigen kann, wenn das Leiden an den Systemen und Strukturen, die unser Dasein garantieren, nicht zu betäuben ist.

Wolfgang Eßbach

Bernd A. Laska

Individuelle Selbstermächtigung und rationales Über-Ich
Max Stirner als psychologischer Denker

> *Ich aber bin durch Mich berechtigt zu morden,*
> *wenn Ich Mir's selbst nicht verbiete,*
> *wenn Ich selbst Mich nicht vorm Morde*
> *als vor einem „Unrecht" fürchte.*
> Max Stirner [1]

Die gesamte Literatur über Stirner bzw. über sein 1845 erschienenes Buch *Der Einzige und sein Eigentum* steht unter der Prämisse, dass Stirner zu den untersten Chargen der Philosophie gehört. Diese Prämisse gilt als so selbstverständlich, dass sie kaum je ausgesprochen wurde. Versuche einzelner Autoren, Stirners Rang, warum auch immer, zu erhöhen, scheiterten. Der ambitionierteste dieser Versuche stammte von Wolfgang Eßbach, der 1978 Stirners „Materialismus des Selbst" ranggleich neben Marx' „Materialismus der Verhältnisse" stellen wollte. Sein aus begründbarem Misstrauen gegenüber den „etablierten wissenschaftlichen und politischen Auffassungen" begonnenes Projekt einer „Forschung gegen den Strom" (Eßbach 1978/1982, S. 1–3) gab er jedoch bald auf, nicht nur aus Gründen der akademischen Karriere, sondern auch aus solchen, die in der Sache liegen. Es waren durchaus nicht die unverständigsten Autoren, die ihr Befremden oder ihre Ratlosigkeit gegenüber Stirners „sonderbarem", „seltsamem", „merkwürdigem" Buch bekundeten; oder die Stirner als „Unphilosoph", „Anti-

---

[1] Stirner 1845/1972, S. 170; der Buchtitel *Der Einzige und sein Eigentum* wird im Folgenden mit EE bezeichnet.

soph", „Sophist" bezeichneten und darauf verzichteten, ihn als Philosoph zu klassifizieren und sich mit ihm näher auseinanderzusetzen. Ich sehe Stirner, der zweifelsfrei einen Bezug zur Philosophie hat, *hors concours*, außerhalb oder auch neben ihr: ein Paraphilosoph.

Stirner verwendet das Wort ‚Selbstermächtigung' nicht. Er spricht von ‚Empörung'. Dieses Wort kommt, incl. abgeleiteter Formen, im *Einzigen* mehr als dreißig Mal vor, allerdings meist im üblichen Sinn. Nur in einer Passage verwendet Stirner es im Sinne dessen, was mit dem Wort ‚Selbstermächtigung', und zwar individueller Selbstermächtigung, sogar treffender und weniger missverständlich bezeichnet wäre. Nimmt man dies als Schlüsselbegriff, so lässt sich zeigen, dass Stirner uns nach einhundertsiebzig Jahren noch etwas Entscheidendes zu sagen hat, etwas, das nach der stillschweigend vollzogenen Überwindung Stirners durch vor allem Marx und Nietzsche sowie ihre Epigonen nur noch sozusagen subkutan, d. h. in der kollektiven Verdrängung weiterlebte. Marx und Nietzsche, auf den Schultern früherer Aufklärer stehend, wirkten hier effektiv als Verdunkler (vgl. Laska 2000b, S. 17–23 & ders. 2000c, S. 17–24). Ihre Autorität wirkt bis dato wie ein Bann, der die eingangs genannte Prämisse trägt und schützt.

Angesichts der verworrenen ideologischen Lage im mittlerweile postsäkular genannten Westen drängt sich der Gedanke auf, dass die Erfolge der von Marx und Nietzsche maßgeblich geprägten neueren Aufklärung, verglichen mit deren ursprünglicher Intention, Pyrrhussiege waren; dass hier aber nicht eine in der vertrackten Sache begründete ‚Dialektik der Aufklärung' am Werk war, sondern etwas, das als ‚unbewusste Selbstsabotage' treffend bezeichnet ist. Deren Analyse, sozusagen eine großangelegte Manöverkritik, erscheint mir unverzichtbar für den Versuch, die immer wieder einmal zu hörende Forderung nach einer ‚Zweiten Aufklärung' in die Wege zu leiten. Im Vordergrund steht dabei die Analyse der Konfrontationen Marx vs. Stirner und Nietzsche vs. Stirner. Das waren jedoch keine Titanenkämpfe, im Gegenteil: Stirner wurde ziemlich geräuschlos, in einem zustimmenden oder gleichgültigen kulturellen Umfeld, zu einem ‚Paria des Geistes' gestempelt. Dieser einzigartige Status Stirners prädestiniert ihn dafür, gleichsam als archimedischer Punkt genommen zu werden, an dem bei einer Revision der neueren Ideengeschichte zum genannten Zweck anzusetzen wäre.

Um Stirners Sonderstellung und ihre Gründe begreiflich zu machen, werde ich zunächst, bevor ich zum Titelthema komme, einen Abriss der wichtigsten Stationen der Rezeptionsgeschichte des Stirner'schen Werks geben. Als nächstes referiere ich die bei Stirner zentralen Gedanken, die seiner Vorstellung von Empörung resp. individueller Selbstermächtigung zugrunde liegen. Ich werde dabei, wie im Titel angekündigt, vom Über-Ich bei Stirner – *avant la lettre* – sprechen, insbesondere von seiner Unterscheidung eines irrationalen und eines rationalen Über-Ichs. Einer Kalamität werde ich jedoch kaum entrinnen können: sie konstituiert sich aus der Uneindeutigkeit und Unschärfe der verwendeten Begriffe (die hier nicht genauer definiert werden können), aus der Überfülle der philosophischen und psychologischen Diskurse des letzten Jahrhunderts zum Thema und

nicht zuletzt aus der eingangs genannten Prämisse, unter der
alles Reden über Stirner stattfindet. Um dennoch plausibel zu
machen, dass es hier etwas substantiell Neues zu entdecken
gibt und Stirners Ideen nicht längst obsolet geworden sind, fü-
ge ich ein Schlusskapitel an, das zeigt, dass Stirners Auffassung
vom Über-Ich, derentwegen er zum Paria wurde, bis in unsere
Zeit untergründig weiter rumort.

I

Die Rezeption der Ideen, die Max Stirner 1845 in seinem Buch
Der Einzige und sein Eigentum und einigen Artikeln nieder-
schrieb, war seit je problematisch. Einer kurzen, heftigen Reaktion einer begrenzten Öffentlichkeit bei Erscheinen des Buches
folgten Jahrzehnte, in denen Stirner vergessen schien. Er hatte
gleichwohl von Beginn an einen bösen Ruf („Teufel", „Nihilist")[2], der seit etwa 1890 im ideologischen Kampf eingesetzt
wurde: Friedrich Engels schob, durchaus im Stil des 1883 ver-
storbenen Karl Marx, Stirner der konkurrierenden politischen
Partei der Anarchisten unter, und der Philosoph Eduard von
Hartmann, der seinen Ruhm durch die aufschießende Popularität Nietzsches bedroht sah, benannte Stirner als die Quelle, aus
der Nietzsche seine verwerfliche Morallehre geschöpft habe.[3]
Die Anarchisten wie auch die Verehrer Nietzsches zogen es

---

[2] „Der Teufel [Stirner] verdient unseren Dank, wenn er uns sagt, dass er der
Teufel ist." (Daumer 1864, S. 118)
„Theoretisch kann ein solcher Nihilismus alles ethischen Pathos sich zu
nichts mehr fortentwickeln." (Rosenkranz 1854, S. 132)
[3] Für Details zu Engels, Hartmann und zahlreichen anderen Autoren in Bezug auf Stirner siehe Laska (1996).

meist vor, diese Zuschreibung nicht zu kommentieren. *„An den Quellen des Existentialismus"* sah dann ein halbes Jahrhundert später der französische Ideenhistoriker Henri Arvon Stirners Ideen (vgl. Arvon 1954/2012). Doch Sartre und fast alle Vertreter des Existentialismus schwiegen ebenfalls; nur Albert Camus schrieb ein paar distanzierende Worte. Philosophiehistoriker ordneten Stirner meist den Jung- bzw. Linkshegelianern zu, weil er aus diesem Milieu hervorgegangen war. Sie übergingen, dass er hauptsächlich gegen die Protagonisten dieses und jedes Hegelianismus geschrieben hatte.

Das Bedürfnis, Stirner einer philosophischen Richtung zuzuordnen, kam erst mit seiner Wiederentdeckung im Windschatten von Nietzsches steil ansteigender Popularität im *fin de siècle* auf. Seither bezeichnete man Stirner als Individualisten, Subjektivisten, Nihilisten, Nominalisten, Egoisten, Solipsisten, oft mit dem Attribut, der extremste oder radikalste dieser Sorte zu sein. Daneben gab es zahlreiche andere Charakterisierungen Stirners wie Größenwahnsinniger, Herostrat, Psychopath, Satanist. Seit Beginn der sog. zweiten Stirner-Renaissance Ende der 1960er Jahre sah man mit dem an Marx anknüpfenden Hans G. Helms Stirner auch als den prototypischen Ideologen des Kleinbürgertums, konkreter: als bis dahin unerkannt gebliebenen Erzideologen des Faschismus und des Nationalsozialismus (vgl. Helms 1966). Kürzlich vertrat Alexander Stulpe die Auffassung, Stirner sei heutzutage, wie die „Anatomie der modernen Individualität" zeige, derart „gründlich einverleibt", dass er zwar „längst vergessen, aber überall ist" (Stulpe 2010,

S. 935), in jedem der *self-styled* Massenindividualisten unserer Zeit.

Klar scheint, dass der Königsweg zu einer eigenen begründeten Beurteilung Stirners über das Studium seiner Rezeption führt, insbesondere, wenn man die mögliche Bedeutung seines einhundertsiebzig Jahre alten *Einzigen* für die ideologische Problemlage hier und heute zu bestimmen versuchen möchte.

Nahe liegt dann, mit den vorliegenden Darstellungen der Rezeptionsgeschichte des Stirner'schen Werks zu beginnen. Zwei Autoren solcher Werke sind dabei hervorzuheben: Helms (1966) und Stulpe (2010). Beide Arbeiten sind außergewöhnlich umfangreich (Helms 600, Stulpe 1000 Seiten) und außerordentlich akribisch im Detail (Helms 1400, Stulpe 2500 Fußnoten), dabei fast druckfehlerfrei. Ein derart gewaltiges Pensum lässt auf eine sehr starke persönliche Motivation schließen.

Helms spricht demonstrativ offen über seinen Antrieb. Es war die „aktuelle Gefährlichkeit" Stirners (Helms 1966, S. 495 & passim). Ihr galt es zu begegnen. Die Arbeit habe bei ihm zwar „oft Ekel erregt" und sei „immer beängstigend" gewesen (Helms 1966, S. 501). Er habe das aber auf sich genommen. Stirner sei nun als Erzideologe des Faschismus entdeckt, somit auch der zeitgenössischen Herrschaftsform im Westen, denn: „Der Faschismus gibt sich heute demokratisch." (Helms 1966, S. 499) Stirner scheine zwar „hier und jetzt über Marx obsiegt zu haben", doch könne dies, nachdem Marxisten diesen ideologischen „Eiterherd" (Helms 1966, S. 495) erkannt hätten, rückgängig gemacht werden. Zu ähnlichen Motivlagen für ihr Engagement in Sachen Stirner bekannten sich – kaum zu glauben, aber wahr – auch die Herausgeber und Kommentatoren des *Einzigen* in Reclams Universalbibliothek, Paul Lauterbach (ab 1893) und Ahlrich Meyer (ab 1972).[4]

Stulpe nennt Helms' Werk eine „grosse Untersuchung" (Stulpe 2010, S. 867), hält aber sonst Distanz. In Hinblick auf sein eigenes Werk sagt Stulpe zwar, der Zeitbedarf dafür habe „alle Erwartungen übertroffen" (Stulpe 2010, S. [9]), aber kein Wort über seine Motivation, die ihn dieses schriftstellerische Großprojekt über viele Jahre hinweg verfolgen ließ. Stulpe stellt sich als Wissenssoziologe vor und erklärt zunächst auf 260 Seiten die theoretischen Grundlagen seiner Arbeit (Luhmann, Freud, Weber u. a.). Für seine „gegenwartsdiagnostische These von der Ubiquität des Einzigen" braucht er diese allerdings nicht. Seine Forschung beruht auf folgendem Prinzip: „Wenn man zeigen kann, was der Einzige ist, dann kann man ihn auch dort aufspüren, wo er unbekannt – oder vergessen – zu sein scheint." (Stulpe 2010, S. 292) Was der Einzige ist, will Stulpe anhand von Literatur aus der Zeit der sogenannten Stirner-Renaissance (ca. 1890–1914) zeigen. Doch schon dieser erste Schritt verheißt ein Scheitern, denn Stulpe ignoriert mit unbeirrbarer Konsequenz, dass es sogar in jener Phase großer Popularität Stirners nur ganz vereinzelt Personen gab, die sich selbst als „Einzige" resp. Anhänger Stirners verstanden. Stattdessen zieht Stulpe psychopathologische Fälle, politische Attentäter, Barfußpropheten, Inflationsheilige und ökonomistische Sektierer als

---

[4] Detailliert dazu Laska (1994).

Zeugen heran, die er mittels „Askription" zu (verkappten, unbewussten) Stirnerianern erklärt. Sonst referiert er über weite
Strecken, was frühere Autoren, auch sie keine Adepten Stirners,
über Stirners Buch geschrieben haben. Nachdem er so auf hunderten von Seiten vermeintlich ermittelt hat, „was der Einzige
ist", ein aus vielerlei „individualistischen Gestalten" oder den
titelgebenden „Gesichtern des Einzigen" zusammengesetzter
„Gesamt-Einziger" (Stulpe 2010, passim), scheint ihn eine Ahnung davon befallen zu haben, dass er einen ungeheuerlichen
Popanz errichtet hat, denn er sagt nun, dass er den zweiten
Schritt – dessentwegen allein er den ersten unendlich mühsa-
men getan hat – „selbstverständlich allenfalls punktuell umset-
zen" könne: „im Aufweis von gegenwärtigen semantischen
Strukturen, die der Figur des Einzigen in bestimmten Aspekten
entsprechen, ohne dass diese Figur des Einzigen oder gar Stirner selbst als Referenz angegeben wird" (Stulpe 2010, S. 292).

Stulpe fasst sich nun sehr kurz und will dieserart Belege für
seine These in einem Essay von Enzensberger und dem Spiegel-
Heft 22/1994 über den *Tanz ums goldene Selbst* ausmachen.
Dies soll beglaubigen, dass „der Einzige mittlerweile in gewis-
ser Weise allgegenwärtig und zur Selbstverständlichkeit geworden ist" (Stulpe 2010, S. 28). Stulpe bricht jetzt schnell ab
und endet, Helms' Wort vom Obsiegen Stirners im Ohr, mit dem
Seufzer: „Dieser Einzige wird sobald wohl nicht verschwinden."
(Stulpe 2010, S. 935)

In dieser resignativen Haltung unterscheidet sich Stulpe von
seinem Vorgänger Helms, der 1966 erwartete, dass nun endlich
Marx über Stirner obsiegen werde. Sonst ähneln sich beide Au-

toren sehr, vor allem in ihrer Methode der kontrafaktischen „Askription", mit der sie ein gigantisches Werk der Verblendung inszenieren. Helms erklärt Nationalsozialisten und BRD-Demokraten der 1960er Jahre zu (klandestinen, latenten, unbewussten) Stirnerianern und Stulpe darüber hinaus seine shoppenden massenindividualistischen Zeitgenossen insgesamt. Da stellt sich die Frage, wer da wen, was da was, erklären oder denunzieren soll.[5]

Das Surreale, das Ungeheuerliche dieser beiden monströsen Werke lässt sich kaum in Worten einfangen. Man muss die beiden handwerklich perfekten Bände in den Händen haben, einen Zweipfünder und einen Dreipfünder, darin blättern, lesen und immer wieder auf ihre fundamentale Widersinnigkeit stoßen: eine phantastische, bizarre These, für die auf Hunderten von Seiten teils durchaus imposanter Prosa kaum wirkliche Belege geliefert werden.

Beide Werke tragen überdeutlich das Merkmal, das ich als gemeinsamen Nenner der Stirner-Rezeption – auch der routinierten, professionellen Erledigungen – gefunden habe: Abwehr. Abwehr eines als universell hochgefährlich empfundenen, meist nur geahnten, selten artikulierten Gedankens. Stirners angestrebte „Destruktion der Entfremdung, also die Rückkehr zur Authentizität", schreibt beispielsweise Leszek Kołakowski, „wäre nichts anderes als die Zerstörung der Kultur, die Rückkehr zum Tiersein [...] die Rückkehr zum vormenschlichen Status." „Stirners Gründe", wenngleich „unwiderlegbar", müssten

---

[5] Für eine Kritik an Stulpes Buch siehe Laska (2010).

deshalb um jeden Preis zurückgewiesen werden. Karl Joël, Basler Philosophieprofessor und Verehrer Nietzsches, meint dasselbe, wenn er schreibt, Stirner habe mit seinem Buch den Grund für eine „Teufelsreligion" gelegt. Eine ähnliche Auffassung verriet Edmund Husserl, als er seine Studenten vor Stirners „versucherischer Kraft" warnte und öffentlich, obwohl selbst „Egologe", über den „Egoisten" Stirner schwieg. (Laska 1996)

Dieserart reflexartige Abwehr und argumentlose Verdrängung des säkularen Bösen findet sich – meist an entlegenen Textstellen – bei Dutzenden prominenter Denker. Ich habe deshalb von einer Re(pulsions- und De)zeptionsgeschichte Stirners gesprochen und sie in 22 Kapiteln meiner Wirkungsgeschichte Stirners – unter Stulpes 700 Titeln Literatur findet man sie übrigens nicht – dargestellt.[6] Verlässlich belegt und ohne Askriptionen berichte ich darin über erstaunliche Reaktionen bekannter Denker – von Feuerbach und Marx über Nietzsche und Carl Schmitt bis zu Adorno und Habermas – auf Stirners Buch, die in Monographien über sie meist nicht einmal als Fußnote erwähnt sind. Hier kann ich nur auf die beiden wichtigsten, weil folgenschwersten Fälle eingehen, auf Marx und Nietzsche, bei denen die Konfrontation mit Stirner den Startpunkt ihrer eigenständigen Denkerkarriere markiert. Die Darstellung kann freilich nur kursorisch die wichtigsten Punkte berühren, sollte aber genügen, um den Bann, der Stirner in der Rolle einer ideenge-

---

[6] Siehe Laska (1996); dazu ergänzend einige Artikel, insbesondere Laska (2002).

schichtlichen *quantité négligeable* hält, so weit zu brechen, dass sein Sonderstatus wahrgenommen und problematisiert werden kann.

II

Der junge Karl Marx war, als Stirners *Einziger* Ende Oktober 1844 erschien, ein begeisterter Anhänger Feuerbachs. Er hatte kurz zuvor Friedrich Engels kennengelernt, und beide beschlossen, gemeinsam eine Abrechnung mit den Junghegelianern, zu denen sie sich selbst bis vor kurzem gezählt hatten, zu schreiben. Das Buch, betitelt *Die heilige Familie*, erschien Ende Februar 1845. Es ist eine furiose Polemik gegen „Bruno Bauer und Consorten" (Marx/Engels 1845/1957, S. [5]) und eine Huldigung an Feuerbach und seinen „realen Humanismus" (Marx/Engels 1845/1957, S. 7). Was an dem Buch am meisten auffällt, ist eine Leerstelle: Der bekannteste jener Consorten, Max Stirner, dessen *Einziger* gerade erschienen war und Engels spontan begeistert hatte, bleibt unerwähnt. Marx, der das gemeinsame Buch fast im Alleingang verfasste, nahm von Beginn an eine taktierende Haltung gegenüber Stirner ein. Nachdem er Engels' positive Sicht auf Stirner schnell zerstreut hatte, wartete er ab, was andere, insbesondere der von Stirner angegriffene Feuerbach, erwidern würden. Als er im September 1845 Feuerbachs Replik auf den *Einzigen* und Stirners Duplik auf diese las, bewirkte dies bei Marx zweierlei: die Abkehr von Feuerbach, die unter dem Einfluss des *Einzigen* schon im Februar mit der Niederschrift seiner Thesen *ad Feuerbach* begonnen hatte; und den Entschluss, nun selbst Stirner entgegenzutreten. Marx stellte, ohne Rücksicht auf Vertragstermine und finanzielle Verluste, alle anderen Arbeiten hintan und schrieb über Monate eine furiose Suada gegen einen Mann, den er gleichwohl als den „hohlsten und dürftigsten Schädel unter den Philosophen" (Marx/Engels 1846/1958, S. 435) beschimpfte. Er gab dieser Schrift, die den knapp 500-seitigen *Einzigen* an Länge noch übertraf, den Titel *Sankt Max*. Sie war und blieb die aufwendigste Auseinandersetzung, die Marx je mit einem Autor führte.

Dieser voluminöse *Sankt Max* ist ein seltsam groteskes Stück. Was ihn charakterisiert, ist wiederum, wie bei den Werken von Helms und Stulpe, kaum mit Worten zu vermitteln. Man muss es zur Hand nehmen und darin blättern. Bemerkenswerterweise wurde es, trotz seines Umfangs, von Marxforschern jeglicher ideologischer Provenienz meist stillschweigend übergangen oder als Produkt jugendlichen Überschwangs bagatellisiert. Der Autor der jüngsten großen Marx-Biographie, Jonathan Sperber, ist perplex über das „obsessive Interesse" und die „zwanghaft anmutende Aufmerksamkeit" (Sperber 2013, S. 176) seines Helden für „einen eindeutig zweitrangigen Autor" (ebd., S. 188), und ratlos. Er sieht die sinnvollste Erklärung für die Entstehung des Textes darin, dass die gemeinsame Arbeit mit Engels Marx zur Versöhnung nach einer Freundschaftskrise gedient habe.

Tatsächlich vollzog Marx parallel zu und im Anschluss an *Sankt Max* den Sprung vom ‚ethischen Humanismus' Feuerbachs zum ‚wissenschaftlichen Sozialismus' eigener Prägung. Zur Immunisierung gegen Kritik im Geiste Stirners vermied er fortan ethische Argumente und entwarf in jenen Monaten, was Engels später „die große Theorie" nannte, den sogenannten Historischen Materialismus. Dessen erster Entwurf steht in einem schmalen Kapitel *Feuerbach*, das zusammen mit *Sankt Max* und einigen kleineren Schriften unter dem Titel *Die deutsche Ideologie* zusammengefasst wurde. Die Veröffentlichung des Werks scheiterte jedoch. Der wichtigste Grund dafür war, dass Marx selbst nun zauderte und Engels' Eifer bei der Verlagssuche konterkarierte. Marx schrieb stattdessen in kurzer Zeit ein anderes Buch, *Misère de la philosophie*, für das er auch schnell einen Verlag fand. Eine Kontroverse Marx-Stirner, von der später einige Autoren sprachen, kam damit gar nicht erst zustande.

Ohne hier eine nähere Begründung geben zu können, vertrete ich, das weitere Schicksal von *Sankt Max* und die Stirner-Rezeption vor Augen, die These, dass Marx in jenen chaotischen Monaten, die zu *Sankt Max* und zur Geburt des Historischen Materialismus führten, Stirners verstörende Ideen verdrängt hat, ‚verdrängt' in zweifachem Sinn: psychologisch für sich als Individuum und ideengeschichtlich für alle, die später von seiner daraufhin entwickelten Lehre fasziniert waren – pro oder contra.

Sankt Max blieb im Nachlass von Marx erhalten und wurde erst postum veröffentlicht, 1903 in Auszügen und 1932 vollständig in der (ersten) Marx-Engels-Gesamtausgabe (MEGA). Beide Male folgte keine nennenswerte Rezeption. Erst 1951 veröffentlichte der oben schon genannte Henri Arvon in *Les temps modernes* einen Artikel, in dem er erstmalig die entscheidende, aber stets übergangene Rolle Stirners in Marx' Entwicklung darstellte und sie als deren „tournant essentiel" (wesentlichen

Wendepunkt) bezeichnete (vgl. Arvon 1951 & Arvon 1954/2012).

Der junge Iring Fetscher, der gerade über Hegel promoviert hatte, berichtete erstaunt über die von Arvon gefundene „unerklärliche Lücke in der Marx-Forschung" (Fetscher 1962, S. 425). Die Marx-Forschung aber ignorierte Arvons Aufdeckung, in Frankreich wie in Deutschland, wie überall – auch Fetscher selbst, als er sich zu einem angesehenen Marx-Forscher entwickelte, kam in seinen einschlägigen Arbeiten nicht auf die noch immer bestehende Lücke zurück. Auch hier darf man von Verdrängung, in beiderlei Wortsinn, sprechen. Wenn man bei Marx aufgrund seines Umgangs mit der Stirner'schen Herausforderung von primärer Verdrängung sprechen kann, so bei Fetscher, der Stirner plus Arvons Stirner-Marx-Forschungen ‚vergaß', von sekundärer.

Der erstaunlichste Fall dieser Art ist der des Louis Althusser. Er und Arvon forschten auf dem gleichen Spezialgebiet: Feuerbach und Marx. Althusser musste Arvon also kennen, somit auch dessen Artikel und, selbstverständlich, den *Einzigen* und *Sankt Max*. Gut ein Jahrzehnt nachdem Arvon von dem „tournant essentiel" und Stirners Rolle in der theoretischen Entwicklung von Marx geschrieben hatte, erschien Althussers Arbeit *Pour Marx*. Darin trug er, ohne Arvon zu nennen, unter dem Namen „coupure épistémologique" (erkenntnistheoretischer Einschnitt) eine in der Hauptsache gleiche These vor.[7] Der Clou: Althusser konzentrierte sich natürlich ebenfalls auf Marx' *Deutsche Ideologie*, ignorierte jedoch – kaum zu glauben, aber

---

[7] Vgl. Althusser (1968).

wahr – die zwei Drittel des Werks, die von Stirner handeln. Der Name Stirner kommt bei Althusser nicht vor. Dies ist nicht nur ein Paradefall sekundärer Verdrängung; der weltweite Ruhm, den Althusser wegen seiner These erwarb, deutet auch auf dessen Gründe. Die Zäsur in Marx' Entwicklung, von Arvon 1951 klar erwiesen, konnte erst ein großes Thema werden, nachdem Stirners Rolle darin getilgt war. Diese Ausblendung wurde in der weltweiten Diskussion der Theorie Althussers ebenfalls ausgeblendet.[8]

*

Die Frage, ob Friedrich Nietzsche, der andere Denker des 19. Jahrhunderts, der das ideologische Klima des 20. maßgeblich prägte, Stirners Buch kannte, kam bereits in den 1890er Jahren auf, weil man in seinen Werken offenkundige Anklänge zum *Einzigen* entdeckte. Man fand jedoch in Nietzsches Büchern, Briefen und nachgelassenen Papieren keine Antwort auf diese Frage. Auch Nietzsches Freunde konnten sich nicht erinnern, dass Nietzsche Stirner jemals erwähnt hätte. Nur ein ehemaliger, vertrauter Schüler Nietzsches, Adolf Baumgartner, berichtete, er habe sich 1874 Stirners *Einzigen* auf Anraten Nietzsches aus der Basler Universitätsbibliothek entliehen. Der Ausleihvorgang konnte verifiziert werden, mehr nicht.

Die Vermutung, Nietzsche habe Stirner gekannt – Henning Ottmann nannte sie „eine der intelligenteren Nietzsche-

---

[8] Näheres zu Arvon und Althusser bei Laska (2011).

Legenden" (Ottmann 1982, S. 309) – wurde immer wieder einmal ventiliert. Wer die Frage spekulativ mit ja beantwortete, zählte Gedanken Stirners auf, die er bei Nietzsche wiederzufinden meinte. Aber niemand entledigte sich der eingangs genannten Prämisse, die wie ein Bann über der gesamten Stirner-Rezeption liegt.

Vor einigen Jahren befasste sich Rüdiger Safranski in seiner Nietzsche-Biographie (2000) mit der Stirner-Nietzsche-Frage, ausführlicher als die meisten Autoren vor ihm. Der Anlass dafür war ein Artikel, den ich Anfang 2000, gerade noch vor Drucklegung seines Buches, in der ZEIT veröffentlicht hatte. Darin berichte ich über meine Entdeckung eines noch weißen Flecks in der sonst sehr gründlich erforschten Biographie Nietzsches:

> Im Oktober 1865 hatte Nietzsche eine längere, intensive Begegnung mit Eduard Mushacke, der [...] mit Stirner befreundet gewesen war. Die unmittelbare Folge [für den jungen Nietzsche] war eine tiefe geistige Krise und ein panikartiger ‚Entschluss zur Philologie und zu Schopenhauer'. (Laska 2000a S. 49)

Diese Krise, aus der Nietzsche als Philosoph hervorging, beschreibt Safranski konventionell: Nietzsche sei „einige Zeit wie im Rausch herumgetappt", habe eine „Haltung der Ergriffenheit, fast [...] Bekehrung" (Safranski 2000, S. 36) gezeigt. Konventionell ist auch die Übernahme der von Nietzsche autobiographisch vorgegebenen Ursache der Krise: bei einem zufälligen Griff nach Schopenhauers *Die Welt als Wille und Vorstellung* in einer Buchhandlung und kursorischer Lektüre noch im Laden habe sie ihn überfallen. Safranski stellt zwar bei Nietzsche „ein bemerkenswertes Verschweigen" (ebd., S. 123) fest, verschweigt aber selbst Nietzsches Begegnung mit Mushacke. Gleichwohl schreibt er dort, wo er sein Stirner-Kapitel eingeschoben hat, stellenweise fast euphorisch über den offensichtlich neu entdeckten Stirner. Schließlich findet er wieder zur Kongruenz mit dem Altbekannten: Nietzsche werde den Kleinbürger Stirner letztlich doch als „abstossend" (ebd., S. 129) empfunden haben.

Wer die Re(pulsions- und De)zeptionsgeschichte von Stirners *Einzigem* kennt, kann die allgemein akzeptierte Version von Nietzsches „Initiation" nicht für glaubhaft halten. Mein Resumé im ZEIT-Artikel:

Nietzsche hat die direkten Spuren dieser entscheidenden geistigen Wende mit einigem Erfolg zu tilgen gesucht – was den verbliebenen um so grösseres Gewicht verleiht. – Obwohl im Falle Nietzsches die Dinge in allen Details (auch in der Frage der positiven Belegbarkeit) anders liegen als bei Marx, ist doch bei beiden eine grundsätzliche Ähnlichkeit ihrer Entwicklung zu Denkern von überragendem Einfluss festzustellen: Konfrontation mit Stirner in jungen Jahren; (Primär-)Verdrängung; Konzeption einer neuen Philosophie, die eine beginnende ideologische Zeitströmung verstärkt und dadurch populär wird, dass sie die eigentlich anstehende (und von Stirner eingeforderte) Auseinandersetzung mit den tieferen Problemen des Projekts der Moderne, des ‚Ausgangs des Menschen aus seiner Unmündigkeit', abschneidet und zugleich eine greifbare praktische Lösung suggeriert. Wie bei Marx folgte auch bei Nietzsche der [individuellen] Primärverdrängung die kollektive Sekundärverdrängung: durch die Nietzscheforscher aller Richtungen. Sie äusserte sich jedoch in flexibleren Formen als in der Marxforschung. (Laska 2000a, S. 49)

III

Ich habe bis hierhin versucht, die Position des philosophischen Schriftstellers Max Stirner, der in der Philosophie so wenig gilt, dass er in historischen Darstellungen und Lexika des Fachgebiets meist gar nicht oder nur marginal vorkommt, neu zu bestimmen: außerhalb, neben der Philosophie. Ich habe dies unter Rückgriff und Verweis auf meine vorangehenden Studien getan, indem ich einen Überblick zur Wirkungsgeschichte Stirners gab. Dieser konnte hier freilich nur fast stichwortartig die wichtigsten Stationen hervorheben. Dabei wollte ich vor allem zeigen, dass diese Geschichte in erster Linie eine Geschichte der Abwehr und Verdrängung war, neuere aufwendige Darstellungen dieser Geschichte (Helms, Stulpe) eingeschlossen.[9]

Damit will ich nicht etwa dazu auffordern, Stirner gegenüber Gerechtigkeit walten zu lassen, ihn als Philosophen aufzuwerten oder ähnliches. Nein, ich wollte vielmehr den nachhaltigen Eindruck oder zumindest den begründeten Verdacht hervorrufen, dass das Buch, das derartige Reaktionen bei Dutzenden prominenter Denker provoziert, nicht durch die immer wieder

---

[9] Peter Sloterdijk hat in seinem letzten kulturtheoretischen Großessay *Die schrecklichen Kinder der Neuzeit* Stirner zur Schlüsselfigur für das Verständnis der abschüssigen Entwicklung der Moderne erklärt: „In Stirners *Der Einzige und sein Eigentum* erreicht das schreckliche Kind der Neuzeit seine Reflexionsgestalt." (Sloterdijk 2014, S. 468) Seine Interpretation Stirners deckt sich im Wesentlichen mit der Stulpes: Stirner sei heute, obwohl weitgehend unbekannt, allgegenwärtig. Wie Stulpe blendet Sloterdijk das Evidenteste konsequent aus: dass es ausgerechnet die Stirner-Vernichter Marx und Nietzsche waren, die das 20. Jahrhundert geistig geprägt haben. Auch im Falle Sloterdijk kann man von einem „Stachel Stirner" (Laska 2010) sprechen: Hatte er in seinem Erstling noch gemeint, Stirner durch Belächeln erledigen zu können (Sloterdijk 1983, S. 192), so jetzt durch Dämonisieren.

zitierten Stirner-Worte „Mir geht nichts über Mich" und „Ich hab' Mein Sach' auf Nichts gestellt" in seinem Kern erfasst werden kann. Es ist kaum denkbar, dass es sich bloß um einen prä-potenten, wie Winfried Schröder schreibt, „selbst ernannten [sic!] Erben der Aufklärung" (Schröder 2005, S. 161) und seinen „unverblümten [sic!] moralischen Nihilismus" (ebd., S. 56) handelte, vor dem Geistesgrößen wie Marx und Nietzsche bis ins Mark erschraken und gegen ihn Werke schufen, die ein Jahrhundert prägten.

Eingedenk des bisher Vorgetragenen ist evident, dass eine ausführliche Darstellung der Kernidee Stirners, die zwar oft als ‚gefährlich' bezeichnet, aber nie konkretisiert wurde, hier nicht erfolgen kann. Das Stichwort ‚Selbstermächtigung' eignet sich jedoch, sich ihr anzunähern. Im *Einzigen* kommt das Wort nicht vor. An einer Stelle schreibt Stirner: „Was ist also mein Eigentum? Nichts als was in meiner Gewalt ist! Zu welchem Eigentum bin Ich berechtigt? Zu jedem, zu welchem Ich Mich – ermächtige." (EE, S. 284) Weitere Stellen, an denen vom Ermächtigen die Rede ist, führen nicht zur Klärung der Frage, wie Stirner diese Festlegung auf das eigene Selbst anwendet, wie jemand zum Eigentümer seiner selbst wird, oder ob Selbsteigentum trivialerweise bei jedem vorliegt. Eine andere Stelle, an der Stirner den Begriff der Empörung verwendet, führt weiter:

> Revolution und Empörung dürfen nicht für gleichbedeutend angesehen werden. Jene besteht in einer Umwälzung der Zustände, des bestehenden Zustandes oder status, des Staats oder der Gesellschaft, ist mithin eine politische oder soziale Tat; diese hat zwar eine Umwandlung der Zustände zur unvermeidlichen Folge, geht aber nicht von ihr, sondern von der Unzufriedenheit der

Menschen mit sich aus, ist nicht eine Schilderhebung, sondern eine Erhebung der Einzelnen, ein Emporkommen, ohne Rücksicht auf die Einrichtungen, welche daraus entsprießen. Die Revolution zielte auf neue Einrichtungen, die Empörung führt dahin, Uns nicht mehr einrichten zu lassen, sondern Uns selbst einzurichten, und setzt auf ‚Institutionen' keine glänzende Hoffnung. Sie ist kein Kampf gegen das Bestehende, da, wenn sie gedeiht, das Bestehende von selbst zusammenstürzt, sie ist nur ein Herausarbeiten Meiner aus dem Bestehenden. (EE, S. 354)

Empörung, wie Stirner das Wort an dieser Stelle gebraucht, entspricht weitgehend einer Selbstermächtigung, und zwar einer individuellen, die sich von einer kollektiven – wo sich eine Gruppe zu illegalen Taten („occupy") oder gar ‚der Mensch' etwa zum Herrn über Leben und Tod (künstliche Zeugung, Sterbehilfe) ermächtigt – deutlich unterscheidet. Individuelle Selbstermächtigung als Empörung/Emporkommen meint den Prozess der Entwicklung eines Einzelnen zum „Eigner" im Stirner'schen Sinn.[10] Wenn diese aus „Unzufriedenheit der Menschen mit sich" motivierte Selbstermächtigung nicht gelänge, wäre jede Revolution vergeblich, denn aller historischen Erfahrung nach sei klar, „dass eine Gesellschaft nicht neu werden kann, solange diejenigen, welche sie ausmachen und konstituieren, die alten bleiben" (EE, S. 231).

---

[10] Stirner spricht, wenn er ein Individuum meint, vom Einzelnen, Einzigen (u. a. im Buchtitel), Eigenen, Eigentümer, Egoisten (darunter düpierte, unfreiwillige u. a.) und Eigner. Die terminologischen Beziehungen der Wörter zueinander, ihr teilweise synonymer Gebrauch, brauchen hier nicht geklärt zu werden, weil allein der Eigner, dem Stirner gut zweihundert Seiten seines Buchs widmet, hier interessiert. Vgl. dazu Kapitel 4 (*Der Eigner*) in Laska 1997, S. 40–49, (http://www.lsr-projekt.de/mseigner.html).

Eine individuelle Selbstermächtigung ist erforderlich, um das im Prozess der Erziehung, Sozialisation, Enkulturation, im Individuum entstandene irrationale Über-Ich soweit wie möglich zu schwächen, damit sich das rationale entwickeln kann. Stirner hielt dies für wünschenswert, weil er eine konsequente Aufklärung bejahte und sah, dass die Bewegung (in ihren damals fortgeschrittensten Repräsentanten Bauer und Feuerbach) schon in der Theorie stagnierte:

> Man hat nicht gemerkt, dass der Mensch den Gott getötet hat, um nun – ‚alleiniger Gott in der Höhe' zu werden. Das Jenseits ausser Uns ist allerdings weggefegt, und das grosse Unternehmen der Aufklärer vollbracht; allein das Jenseits in Uns ist ein neuer Himmel geworden und ruft Uns zu erneutem Himmelsstürmen auf. (EE, S. 170)

Stirner beschrieb mit den ihm zur Verfügung stehenden Begriffen dieses „Jenseits in Uns". Ich habe in einem früheren Artikel, „Die Negation des irrationalen Über-Ich bei Max Stirner" (Laska 1991, S. 37–41), ausgeführt, dass Stirner damals erstaunlich treffsicher das erfasst hat, was achtzig Jahre später von Sigmund Freud (*Das Ich und das Es*, 1923) mit dem prägnanten Namen Über-Ich bezeichnet wurde. Der Psychoanalytiker Bernd Nitzschke, der auch Historiker der Psychoanalyse ist, ist einer der wenigen Autoren, die Stirner als psychologischen Denker wahrnahmen:

> Im Kern der Freiheitsidee Stirners steckt ein sehr modernes Wissen: Die Individuation ist die Voraussetzung für die Fähigkeit zum Eingehen neuer, freier Bindungen [...]. Stirner schreibt, als hätte er ein modernes psychoanalytisches Lehrbuch über

Symbiose, Trennung und Individuation gelesen. (Nitzschke
1991, S. 18)

Das bedeutet aber nicht, dass Stirner und Freud zum Über-Ich
die gleiche Meinung hatten, worauf ich später noch kurz eingehen werde.

Wenn ich von einem irrationalen Über-Ich spreche, d. h. von
einer psychischen Instanz, die vor der Fähigkeit zur Reflexion
im Individuum entsteht, und deren Negation mit dem Vorgang
der Stirner'schen Empörung, d. h. einer individuellen Selbstermächtigung, identisch ist, dann stellt sich die Frage, ob Stirner
auch über eine psychische Instanz nachgedacht hat, die als rationales Über-Ich bezeichnet werden könnte. Stirner war da
eher zurückhaltend, um nicht einer Präskriptivität verdächtigt
zu werden, die er an jenen aufklärerischen Zeitgenossen kriti-
sierte, die das ‚Gattungswesen' – jenes „Jenseits in Uns" – als
Gottesersatz hochhielten. Aber er fürchtete den Verlust des
irrationalen Über-Ichs nicht als nihilistisches Ende aller Kultur,
Vertierung etc. Im Gegenteil: Individuelle Selbstermächtigung
erfüllte ihn mit Optimismus: „Was ein Sklave tun wird, sobald
er die Fesseln zerbrochen, das muss man – erwarten." (EE,
S. 289)

Stirner erwartete, dass das per individueller Selbstermächtigung zum Eigner gewordene Individuum nun nicht ein Spielball
seiner Launen ist, schon gar nicht ein von einer herrschenden
Moral abhängiger Antimoralist wie etwa Sade. Dies wird ausgerechnet an dem Satz deutlich, der gelegentlich als sein vermeintlich schrecklichster zitiert wird:

Ich aber bin durch Mich berechtigt zu morden, wenn Ich Mir's selbst nicht verbiete, wenn Ich selbst Mich nicht vorm Morde als vor einem ‚Unrecht' fürchte. (EE, S. 208)

Ich habe diesen Satz als Motto für diesen Artikel gewählt, weil er im ersten Moment sehr provokativ wirkt, nach einiger Überlegung sich jedoch als banal erweist und dennoch Anlass zum Nachdenken gibt. In erster Linie sagt Stirner hier, dass er, bzw. der Eigner, durchaus in der Lage ist, sich etwas zu verbieten, d. h. den Normen eines Über-Ichs gemäß zu handeln, allerdings eines rationalen, durch eigene Reflexion errichteten. Es ließe sich mit einigem Aufwand zeigen, dass Stirner eine Art dynamisches Modell vor Augen hatte, das mit Quantitäten operiert: Je mehr von dem infolge Enkulturation unvermeidlich vorhandenen irrationalen Über-Ich durch eine prozessual vorgestellte individuelle Selbstermächtigung getilgt, deaktiviert oder zurückgedrängt wird, desto mehr Wirkungsspielraum entsteht für das rationale Über-Ich.

Da dieser Vorgang, wie allenthalben zu beobachten ist, oft nur mit geringer Effizienz verläuft, ergibt sich für die Erziehungstheorie – zu ihr schrieb Stirner übrigens eine seiner ersten Arbeiten (vgl. Stirner 1842/1986) – das Gebot der Prophylaxe: Minimierung der frühkindlichen Über-Ich-Bildung. Stirner weist an mehreren Stellen darauf hin, dass die „Hauptingredienz unserer Erziehung", der „moralische Einfluss" (EE, S. 332), einzudämmen sei, denn er bewirke „die Brechung und Beugung des Mutes zur Demut herab" (EE, S. 88). Es sei ein großer Unterschied, ob Mir [als Kind] *Gefühle* eingegeben oder nur angeregt sind. Die letzteren sind eigene, egoistische, weil sie Mir nicht als Gefühle eingeprägt, vorgesagt und aufgedrungen wurden; zu den ersteren aber spreize Ich Mich auf, hege sie in Mir wie ein Erbteil, kultiviere sie und bin von ihnen *besessen* (EE, S. 70).

Die „eingegebenen Gefühle", die „unbewusst Uns beherrschen" (EE, S. 69), das irrationale Über-Ich also, werde als ur-eigenstes Ich missverstanden, „und es hält schwer, die ‚heilige Scheu davor' abzulegen" (EE, S. 71).

IV

Stirners Einsichten als psychologischer Denker betrafen in erster Linie die Entstehung und Funktion jener psychischen Instanz, für die Sigmund Freud 1923 den griffigen Namen Über-Ich einführte. Freud äußerte sich jedoch nicht zu Stirner als möglichem Vorgänger; er war von Nietzsche fasziniert, dem er eine unübertroffen tiefe psychologische Selbsterkenntnis attestierte. Obwohl er dies nur aufgrund von Nietzsches Werken sagen konnte, behauptete er, eine Nietzsche-Lektüre vermieden zu haben, um nicht durch sie bei seinen eigenen Forschungen beeinflusst zu sein. Möglicherweise liegt hier bei Freud eine psychisch begründete Fehlleistung und eine sog. Deckerinnerung vor, bei der eine als unangenehm affektreich erlebte Begegnung mit dem *Einzigen* – die nahe liegt[11] – durch eine erträglichere ersetzt wurde. Ob dies zutrifft oder nicht: Freud war

---

[11] Für den jungen Freud (1856–1939) war Feuerbach derjenige, „den ich unter allen Philosophen am höchsten verehre und bewundere" (Freud 1989, S. 111). Er konnte deshalb leicht auf dessen öffentliche Kontroverse mit Stirner gestoßen sein.

jedenfalls als Begründer und Haupt der Psychoanalyse, der vielleicht einflussreichsten kulturellen Bewegung des 20. Jahrhunderts, streng darauf bedacht, dass keiner seiner Schüler das Über-Ich in einer Weise problematisierte, wie es Stirner *avant la lettre* getan hatte. Auch hier lohnt ein kurzer Überblick wegen der Ähnlichkeiten in den Reaktionen auf die erneut aufkeimende Idee.

Der Freud-Schüler Sándor Ferenczi (1873–1933) hielt 1908, als seinen Einstand, einen Vortrag vor dem 1. Psychoanalytischen Kongress, in dem er seiner Begeisterung über Freuds Entdeckungen freien Lauf ließ. Sie ermöglichten eine „innere Revolution", die „Befreiung von unnötigem inneren Zwang wäre die erste Revolution, die der Menschheit eine wirkliche Erleichterung schüfe". Erziehung und Lebenslauf des Menschen würden „nicht mehr durch diese unappellierbaren und keine Erklärung zulassenden dogmatischen Prinzipien [später Über-Ich genannt] überwacht". Freuds Psychoanalyse führe „zur Befreiung von den die Selbsterkenntnis hindernden Vorurteilen", und „die so befreiten Menschen wären dann imstande, einen radikalen Umsturz in der Pädagogik herbeizuführen und hierdurch der Wiederkehr ähnlicher Zustände für immer vorzubeugen" (Ferinczi 1908/1989, S. 66 & S. 72 f.).

Otto Gross (1877–1920) war einer der ersten psychiatrischen Fachkollegen, die Freuds neue Tiefenpsychologie begeistert begrüßten und sich für sie öffentlich einsetzten. Auch er setzte große Erwartungen in die Psychoanalyse:

> Die Psychologie des Unbewussten ist die Philosophie der Revolution, d. h. sie ist berufen, das zu werden als das Ferment der

Revoltierung innerhalb der Psyche, als die Befreiung der vom eigenen Unbewussten gebundenen Individualität. Sie ist berufen, zur Freiheit innerlich fähig zu machen, berufen als die Vorarbeit der Revolution. (Gross 1913, Sp. 384)

Gross bezeichnete als „Selbstbefreiung", ganz im Sinne von Stirners „Empörung" [individuelle Selbstermächtigung], die „Annullierung der Erziehungsresultate [irrationales Über-Ich] zugunsten einer individuellen Selbstregulierung [rationales Über-Ich]" (Gross 1908/1980, S. 10).

Freud verstand es, die revolutionären Gedanken dieser beiden treuen Schüler umgehend aus der Psychoanalyse zu verbannen. Ferenczi wurde Freuds enger Freund und Lieblingsschüler und widmete sich fortan nicht mehr jenen Problemen. Gross geriet in immer größere persönliche Schwierigkeiten, was es Freud ermöglichte, ihn aus der Bewegung zu drängen und aus den Annalen der Psychoanalyse zu tilgen.[12] Die exemplarische Ausschaltung dieser beiden Analytiker war ein wegweisendes Signal. Bei Freud selbst blieb die Theorie des Über-Ichs unklar und widersprüchlich. Rückblickend schrieb Eberenz, dass „die Psychologie des Über-Ichs in der Folge weit weniger systematisch erarbeitet wurde als die Ich-Psychologie oder die Triebpsychologie, was zu einem relativ willkürlichen Gebrauch des Über-Ich-Begriffes führte", weiter, „dass das Konzept des Über-Ichs als Forschungsgegenstand kaum noch auftaucht" (Eberenz 1983, S. 56).

Dasselbe konstatiert auch der prominente Psychoanalytiker Léon Wurmser (2004) in einem neueren Beitrag.

---

[12] Für Details zu den Fällen Ferenczi und Gross vgl. Laska (2003).

Es gab jedoch noch ein Intermezzo, ein kurzes Aufleben der Idee und ein erneutes Abdrängen. Als die enge Beziehung zwischen Freud und Ferenczi sich Ende der 1920er Jahre auflöste, konnten bei Ferenczi seine lange verdrängten radikalen Ideen wieder ins Bewusstsein treten. Eine wirkliche Psychoanalyse, schrieb er nun, habe „mit jeder Art von Über-Ich, also auch mit dem des Analytikers, aufzuräumen. [...] Nur diese Art Abbau des Über-Ichs überhaupt kann eine radikale Heilung herbeiführen" (Ferenczi 1938, S. 394). Doch die Radikalität, die Ferenczi 1908 beseelt hatte, war verflogen:

> Solange dieses [‚unbewusste'; hier: irrationale] Über-Ich in gemässigter Weise dafür sorgt, dass man sich als gesitteter Bürger fühlt und als solcher handelt, ist es eine nützliche Einrichtung. (ebd., S. 435)

Hier hakte in den 1960er Jahren Adorno kritisch ein: „In ihren heroischen Zeiten hat die Freudsche Schule [...] die rücksichtslose Kritik des Über-Ichs als eines Ichfremden, wahrhaft Heteronomen, gefordert." Welche heroischen Zeiten konnte er meinen? Gross und den frühen Ferenczi kannte er nicht. Jedenfalls kritisiert er den späten Ferenczi wegen seiner „Scheu vor den gesellschaftlichen Konsequenzen", seiner Bremsung der Kritik des Über-Ichs „aus sozialem Konformismus". Daraufhin geriert Adorno sich ultraradikal: „Das Gewissen [das Über-Ich] ist das Schandmal der unfreien Gesellschaft." Er unterscheidet aber nicht zwischen irrationalem und rationalem Über-Ich, sondern meint undifferenziert: „Wäre ein Zustand allseitiger rationaler Aktualität vorstellbar, so etablierte sich kein Über-Ich." (Adorno 1966, S. 269-272) Diese Passage in Adornos *Negative*

Dialektik ist so furios wie konfus, erscheint vor allem als nachträglich eingeschoben zwischen Ausführungen zu Kant und Heidegger. Was die heroischen Zeiten der Psychoanalyse angeht, bleibt sie änigmatisch.

Die Verworrenheit dieses Einschubs in die *Negative Dialektik* lässt sich mit etwas Hintergrundwissen spekulativ deuten. Während der Niederschrift des Buches Anfang der 1960er Jahre wurde Adorno durch Hans G. Helms mit Stirners *Einzigem* konfrontiert. Helms war

> eine Art Privatschüler über mehrere Jahre. Er wurde von Adorno eingeladen, ein einwöchiges Privatseminar über Max Stirner abzuhalten; seine Hörer waren u. a. Jürgen Habermas, Max Horkheimer, Gerhard Schweppenhäuser, Rolf Tiedemann – und eine Frau: Gretel Adorno. (Platzdasch 2003)

Helms überlieferte dazu nichts, nur den folgenden Kommentar Adornos zu Stirner: der habe „den Hasen aus dem Sack gelassen" (Helms 1966, S. 200). An die Stelle des Einschubs, an der es um Kants Sicht des Gewissens als Stimme des Sittengesetzes geht, hätte Stirners „Hase" hingehört. Aber der scheint ein ‚Schulgeheimnis', ein Arcanum zu sein, über das man nicht offen spricht. Statt also, was ihm zu dieser Zeit naheliegt, Stirners Kritik des Über-Ichs gegen Kants Sicht zu setzen, zieht Adorno abrupt die des späten Ferenczi heran, kritisiert diese als konformistisch und beschwört eine heroische Zeit der Psychoanalyse, in der das Über-Ich rücksichtslos kritisiert worden sei, und „darin eines Sinnes mit dem anderen, aufklärerischen Kant" (Adorno 1966, S. 269). Der Einschub enthält, wohl aufgrund des Eiertanzes um jenen „Hasen", zahlreiche Fehlleistun-

gen. Die wichtigste: eine im gemeinten Sinn heroische Psychoanalyse gab es aber nie. Im Gegenteil: wie gesagt, wurde radikale Über-Ich-Kritik von Freud persönlich im Keim erstickt. Woran erinnert sich Adorno also? Vermutlich an einen bestimmten
Psychoanalytiker, der ‚heroisch' genug war, um Freud in dieser
zentralen Frage Paroli zu bieten. Adorno nennt auch dessen
Namen nicht, hat aber sein Schicksal aus der Ferne verfolgt. Es
war Wilhelm Reich.

Auf den verwickelten *„Fall" Wilhelm Reich* (Fallend/Nitzschke
1997) kann ich hier nicht näher eingehen, möchte aber drei
‚Eckpunkte' für den hier behandelten Zusammenhang hervorheben:

1) Wilhelm Reich (1897–1957) war der einzige Psychoanalytiker, der sich von Stirner positiv beeinflussen ließ. Als junger
Mann, 1921, notierte er in sein Tagebuch: „Max Stirner, der
Gott, der 1844 sah, was wir 1921 nicht sehen." Das bezog sich
noch nicht auf Freud und die Psychoanalyse, war aber ein Be-
kenntnis, „auf dem Stirnerschen Standpunkt" (Reich 1994,
S. 191 & S. 139) zu stehen.

2) Reich galt als einer der profiliertesten Schüler Freuds, als
dieser beschloss, ihn aus den psychoanalytischen Organisatio-
nen ausschließen zu lassen. Dies wurde 1933/34 mittels Ge-
heimverfahren durchgeführt; eine Begründung wurde nicht gegeben; offiziell wurde der Ausschluss als Austritt deklariert und
– das Erstaunlichste – dies alles wurde von den Analytikern
stillschweigend akzeptiert. Ende der 1980er Jahre begannen
Bemühungen um eine ‚Rehabilitation' Reichs, wobei man vorwiegend politische Gründe für den Ausschluss unterstellte. (vgl.

Fallend/Nitzschke 1997 & neuerdings: Peglau 2013) Freud selbst aber nannte, in einem Brief, ausdrücklich wissenschaftliche.

3) Diese wissenschaftlichen Gründe hat Freud nie bekanntgegeben. Zu erschließen ist, dass es sich um einen fundamentalen anthropologischen Gegensatz handelt, der auch in Adornos zitierter Passage undeutlich und nur implizit aufscheint. Um nicht in einen technischen Jargon zu verfallen, lässt sich, auf das Einfachste heruntergebrochen, sagen: Reich unterschied zwischen ‚Moral‘, deren Quelle das rationale Über-Ich ist und ‚Zwangsmoral‘, deren Quelle das irrationale Über-Ich ist. Freud machte diese Unterscheidung nicht und lehnte die Zurückdrängung des Über-Ichs generell ab. Er, ebenso wie die Gegner Stirners, verband damit den Tod aller Kultur. Stirner und Reich hingegen meinten, je schwächer das irrationale Über-Ich ist, desto bestimmender kann das rationale wirken. Dies sei die anthropologische Basis einer zukünftigen aufgeklärten Kultur.

V

Gegen einen Artikel, der das rationale Über-Ich bei Max Stirner thematisiert, liegen die Einwände auf der Hand: Den Begriff Über-Ich habe es für Stirner noch gar nicht gegeben; er sei auch später nie wissenschaftlich etabliert worden; er sei außerdem längst schon wieder obsolet; Rationalität passe überhaupt nicht in den Zusammenhang; es handele sich ohnehin um eine *contradictio in adiecto*; usw. usf. Solchen Einwänden ist kaum zu begegnen. Aber man kann sie ignorieren. Das habe ich getrost getan. Ich bin trotzdem zuversichtlich, dass der Gedankengang dieses Artikels nachvollziehbar und seine Intention deutlich geworden ist. Vermutlich ist dafür jedoch ein gehöriges Maß an Skepsis, vielleicht sogar ‚ein großer Verdacht', gegenüber dem bisherigen Verlauf des mit großen Hoffnungen verbundenen Projekts der Moderne, der europäischen Aufklärung, erforderlich; dazu das sichere Empfinden, die Aufklärung sei auf schwer fassbare Weise schleichend in die gegenwärtige Situation übergegangen, wo man sie längst hinter sich zu haben meint; in eine ideengeschichtliche Sackgasse, eine Art „end of history".

Stirner hatte als Fortsetzung der Aufklärung, nachdem sie „Gott getötet" hatte, wie eingangs zitiert, zu „erneutem Himmelsstürmen" (EE, S. 77) aufgerufen. Er bezeichnete sein Werk als dessen „Anfang, wenn auch noch ein sehr unbeholfener" (Stirner 1845/1986, S. 170). Er rechnete nicht damit, dass dieser Anfang nicht weitergeführt würde, sondern, im Gegenteil, Reaktionen provozierte, die ich oben als ‚unbewusste Selbstsabotage' der Aufklärung interpretiert habe. Offenbar war ihm, wie allerdings wohl den meisten seiner Zeitgenossen, nicht bekannt, dass sich etwa ein Jahrhundert zuvor ein sehr ähnlicher Vorgang abgespielt hatte. Julien Offray de La Mettrie (1709–1751) hatte in seinem *Discours sur le bonheur* die unheilvollen Folgen der Implantation des irrationalen Über-Ichs herausgestellt und ist deshalb von nachfolgenden Denkern, vor allem von Rousseau und Diderot, auf ähnlich klandestine Weise wie später Stirner von Marx und Nietzsche zur ideengeschichtlichen Unperson gemacht worden (vgl. Laska 2012). Man kann nicht von einem roten Faden sprechen, der sich durch die Geschichte der neueren Aufklärung zieht, zutreffend aber von drei Stationen, jeweils durch rund hundert Jahre getrennt, an denen konsequentes, aufklärerisches Denken abgebogen, verschüttet, verdrängt worden ist, Weichen gestellt, die den Hauptstrom des Denkens dahin lenkten, wo wir heute stehen. Aktiv waren dabei vorwiegend Denker, die als Aufklärer prominent waren oder wurden. Ihren Kampf führten sie mit Methoden, die sie sonst anprangerten. Movens war der *horror nihili*, der sie aufgrund der Über-Ich-Kritik, des Aufrufs zur individuellen Selbstermächtigung erfasste. Für sie stand die kulturelle Existenz des Menschen auf dem Spiel.[13]

Literaturverzeichnis

Adorno, T.W. (1966): Negative Dialektik. Frankfurt a. M.: Suhrkamp.

Althusser, L. (1968): Für Marx. Frankfurt a. M.: Suhrkamp; frz. Orig. 1965.

Arvon, H. (1951): Une polémique inconnue. In: Les temps modernes, 7ème année, 1951, no. 71, pp. 509–536.

Arvon, H. (1954/2012): Aux sources de l'existentialisme - Max Stirner. Paris: Presses Universitaires de France, 1954;

---

[13] Das klingt, ist aber nicht übertrieben. Vgl. oben Kołakowskis und Joëls Worte. Oft freilich ist dieses Verständnis der Konsequenz aus Stirner eher implizit und zwischen den Zeilen erkennbar, manchmal durch ein „bemerkenswertes Verschweigen" (Nietzsche lt. Safranski 2000, S. 123), manchmal aber auch explizit: „[...] führte der Stirner'sche Egoismus, würde er praktisch, in die Selbstvernichtung des Menschengeschlechts" (Holz 1976, S. 22).

deutsch: Max Stirner - An den Quellen des Existenzialismus. Rangsdorf: Basilisken-Presse, 2012.

Daumer, G.F. (1864): Das Christenthum und sein Urheber. Mit Beziehung auf Renan, Schenkel, Strauss, Bauer, Feuerbach, Ruge, Stirner und die gesammte moderne Negation. Mainz: Kirchheim.

Eberenz, U. (1983): Über-Ich. In: Wolfgang Mertens (Hg.): Psychoanalyse. Ein Handbuch in Schlüsselbegriffen. München: Urban & Schwarzenberg, S. 55–62.

Eßbach, W. (1978/1982): Die Bedeutung Max Stirners für die Genese des Historischen Materialismus. Zur Rekonstruktion der Kontroverse zwischen Karl Marx, Friedrich Engels und Max Stirner. Diss. Göttingen 1978. - Als Buch, erweitert um Vorwort, einen Vortragstext „Sexualität und Gesellschaftstheorie" und ein Personenregister, erschienen u. d. T.: Gegenzüge. Der Materialismus des Selbst und seine Ausgrenzung aus dem Marxismus. Eine Studie über die Kontroverse zwischen Max Stirner und Karl Marx. Frankfurt a. M.: Materialis-Verlag.

Fallend, K./Nitzschke, B. (Hg.) (1997): Der „Fall" Wilhelm Reich. Beiträge zum Verhältnis von Psychoanalyse und Politik. Frankfurt a. M.: Suhrkamp.

Ferenczi, S. (1908/1989): Psychoanalyse und Pädagogik (1908). In: ders.: Zur Erkenntnis des Unbewussten. Schriften zur Psychoanalyse, hg. v. Helmut Dahmer. Frankfurt a. M..: Fischer Taschenbuch-Verlag, S. 63–73.

Ferenczi, S. (1938): Bausteine zur Psychoanalyse, Band III. Bern: Huber, S. 394.

Fetscher, I. (1952): Die Bedeutung Max Stirners für die Entwicklung des historischen Materialismus. In: Zeitschrift für philosophische Forschung, 6,3 (1952), S. 425–426.

Freud, S. (1989): Jugendbriefe an Eduard Silberstein 1871–1881, hg. v. Walter Boehlich. Frankfurt a. M.: S. Fischer.

Gross, O. (1908/1980): Elterngewalt. In: ders.: Von geschlechtlicher Not zur sozialen Katastrophe, hg. v. Kurt Kreiler. Frankfurt a. M.: Robinson-Verlag, S. 9–13.

Gross, O. (1913): Zur Überwindung der kulturellen Krise. In: Die Aktion, Jg.3 (1913), S. 384–387.

Helms, H.G. (1966): Die Ideologie der anonymen Gesellschaft. Max Stirners „Einziger" und der Fortschritt des demokratischen Selbstbewußtseins vom Vormärz bis zur Bundesrepublik. Köln: DuMont Schauberg.

Holz, H.H. (1976): Die abenteuerliche Rebellion. Bürgerliche Protestbewegungen in der Philosophie. Stirner, Nietzsche, Sartre, Marcuse, Neue Linke. Darmstadt und Neuwied: Luchterhand.

Laska, B.A. (1991): Die Negation des irrationalen Über-Ichs bei Max Stirner. Erstveröffentlichung u .d .T.: Max Stirner als „pädagogischer" „Anarchist". In: Anarchismus und Pädagogik. Studien zu einer vergessenen Tradition, hg. v. Ulrich Klemm. Frankfurt a. M.: dipa-Verlag
(http://www.lsr-projekt.de/msnega.html).

Ders. (1994): Ein heimlicher Hit. 150 Jahre Stirners „Einziger". Eine kurze Editionsgeschichte. Nürnberg: LSR-Verlag („Stirner-Studien", Band 1).

Ders. (1996): Ein dauerhafter Dissident. 150 Jahre Stirners „Einziger". Eine kurze Wirkungsgeschichte. Nürnberg: LSR-Verlag ("Stirner-Studien", Band 2).

Ders. (1997): „Katechon" und „Anarch". Carl Schmitts und Ernst Jüngers Reaktionen auf Max Stirner. Nürnberg: LSR-Verlag („Stirner-Studien", Band 3).

Ders. (2000a): Dissident geblieben. Wie Marx und Nietzsche ihren Kollegen Max Stirner verdrängten und warum er sie geistig überlebt hat. In: Die Zeit, 27. Januar 2000, S. 49 (http://www.lsr-projekt.de/msinnuce.html).

Ders. (2000b): Den Bann brechen! Max Stirner redivivus. 2 Teile. Teil 1: Über Marx und die Marxforschung. In: Der Einzige. Vierteljahresschrift des Max-Stirner-Archivs Leipzig, Nr. 3 (11), 3. August 2000, S. 17–24 (http://www.lsr-projekt.de/msbann1.html).

Ders. (2000c): Den Bann brechen! Max Stirner redivivus. 2 Teile. Teil 2: Über Nietzsche und die Nietzscheforschung. In: Der Einzige. Vierteljahresschrift des Max-Stirner-Archivs Leipzig, Nr. 4 (12), 3. November 2000, S. 17–23 (http://www.lsr-projekt.de/msbann2.html).

Ders. (2002): Nietzsches initiale Krise. Die Stirner-Nietzsche-Frage in neuem Licht. In: Germanic Notes and Reviews, vol. 33, n. 2, Fall/Herbst 2002, pp. 109–133 (http://www.lsr-projekt.de/nietzsche.html).

Ders. (2003): Otto Gross zwischen Max Stirner und Wilhelm Reich. In: Raimund Dehmlow & Gottfried Heuer (Hg.): Bohème, Psychoanalyse und Revolution. Dritter Internationaler Otto-Gross-Kongress, Ludwig-Maximilians-Universität München, 15.–17. März 2002. Marburg: Literaturwissenschaft.de, S. 125–162 (http://www.lsr-projekt.de/gross.html).

Ders. (2010): Der Stachel Stirner. Rezensionsessay. In: Aufklärung und Kritik, 17. Jg., Band 4/2010, S. 272–279 (http://www.lsr-projekt.de/stachel.pdf).

Ders. (2011): Der Stirner-Forscher Henri Arvon. In: Der Einzige. Jahrbuch der Max-Stirner-Gesellschaft, Nr. 4, S. 123–136 (http://www.lsr-projekt.de/Henri-Arvon.html).

Ders. (2012): 1750 - Rousseau verdrängt La Mettrie. Eine ideengeschichtliche Weichenstellung. In: Aufklärung und Kritik, 19. Jg., 2012, Heft 4, S. 174–185 (http://www.lsr-projekt.de/Rousseau-La-Mettrie.pdf); französische Version: 1750 - Rousseau évince La Mettrie. D'une orientation des Lumières lourde de conséquences. In: Rousseau Studies. Revue annuelle. No.1, 2013, pp. 313–326 (http://www.lsr-projekt.de/poly/fr-Rousseau-La-Mettrie.pdf).

Marx, K./Engels, F. (1845/1957): Die Heilige Familie. In: dies.: Werke, Band 2, Berlin (Ost): Dietz, S. [3]-223.

Marx, K./Engels, F. ([1846]/1958): Die deutsche Ideologie. In: dies.: Werke, Band 3, Berlin (Ost): Dietz, S. 9–530.

Nitzschke, B. (1991): Die Liebe als Duell: ... und andere Versuche, Kopf und Herz zu riskieren. Reinbek: Rowohlt.

Ottmann, H. (1982): Philosophie und Politik bei Nietzsche. Berlin: Walter de Gruyter.

Peglau, A. (2013): Unpolitische Wissenschaft? Wilhelm Reich und die Psychoanalyse im Nationalsozialismus. Gießen: Psychosozial-Verlag.

Platzdasch, G. (2003): Habermas als autoritärer Charakter/Henscheid als antiautoritärer Frankfurter-Schule-Schwänzer. Unorthodoxe Tagung über Theodor W. Adorno in Frankfurt a. M. In: Linksnet - für linke Politik und Wissenschaft, 11. November 2003 (abgerufen am 20. März 2014) (http://www.linksnet.de/de/artikel/18934).

Reich, W. (1994): Leidenschaft der Jugend. Eine Autobiographie. Köln: Kiepenheuer & Witsch.

Rosenkranz, K. (1854): Aus einem Tagebuch. Königsberg Herbst 1833 bis Frühjahr 1846. Leipzig: Brockhaus.

Safranski, R. (2000): Nietzsche. Biographie seines Denkens. München: Hanser.

Schröder, W. (2005): Moralischer Nihilismus. Radikale Moralkritik von den Sophisten bis Nietzsche. Stuttgart: Philip Reclam jun.

Sperber, J. (2013): Karl Marx. Sein Leben und sein Jahrhundert. München: Beck (engl. Original 2013).

Sloterdijk, P. (1983): Kritik der zynischen Vernunft. Erster Band. Frankfurt a. M.: Suhrkamp.

Sloterdijk, P. (2014): Die schrecklichen Kinder der Neuzeit. Frankfurt a. M.: Suhrkamp.

Stirner, M. (1842/1986): Das unwahre Prinzip unserer Erziehung, oder: Humanismus und Realismus (1842). In: ders.: Parerga, Kritiken, Repliken, hg. v. Bernd A. Laska. Nürnberg: LSR-Verlag, S. 75–97.

Stirner, M. (1845/1972): Der Einzige und sein Eigentum. Stuttgart: Philip Reclam jun. 1972.

Stirner, M. (1845/1986): Rezensenten Stirners. In: ders.: Parerga, Kritiken, Repliken, hg. v. Bernd A. Laska. Nürnberg: LSR-Verlag, S. 147–205.

Stulpe, A. (2010): Gesichter des Einzigen. Max Stirner und die Anatomie moderner Individualität. Berlin: Duncker & Humblot.

Wurmser, L. (2004): Superego revisited - Relevant or Irrelevant? In: Psychoanalytic Inquiry, 24, 2(2004), pp. 183–205.

Jean-Claude Wolf

Max Stirner, seine Vorläufer, seine Schreibtechnik, sein Bestiarium und die Geschichte der Reaktion

1 Ein erstes, noch undeutliches Profil des „Einzigen"

Der Einzige und sein Eigentum ist ein Buch, das nicht vom Himmel gefallen ist. Das geht bereits aus den zahlreichen polemischen Verweisen des Buches hervor. Der Text hat zahlreiche Subtexte, das Buch antwortet auf zahlreiche Artikel und Bücher, es hat – wie der Don Quijote als Buch und als literarische Figur – einen „rapport livresque au monde" (vgl. Cervantes 1937/1605/1615). Was hat dieser Stirner nicht alles verschlungen! Was wird er noch bis zu seinem Lebensende (1856) aus Politik, Geschichte und Ökonomie exzerpieren und kompilieren! Sein Einziger stammt vielleicht aus einem langen Tagtraum, dem das letzte Kapitel fehlt, jenes letzte Kapitel des Werks von Cervantes mit dem Erwachen des „ingeniösen Hidalgos" auf dem Totenbette. Don Quijote legt seinen Rufnamen Don Quijote de la Mancha ab und kehrt zu seinem schlichten Titel Alonso Quijano (der Gute) zurück. Dies ist, wie wenn unser Autor seinen Necknamen aus Studentenzeiten „Stirner" ablegen und seinen biederen Namen Johann Caspar Schmidt wieder annehmen würde. Will der „Einzige" überhaupt die Welt verbessern? Oder ist das Buch *Der Einzige* bereits das Produkt einer großen Desillusionierung? Oder enthält es noch die Illusionen des Sancho Panza, den Glauben an die verheißene Insel, wo er sein eigener Herr und Herrscher sein wird?

Der *Einzige*, obwohl zur Hauptsache kein narrativer Text, handelt – wie der Roman *Robinson Crusoe* – von einer Gestalt, die

,einzig' (im Sinne einer „rupture" als Schiffbruch und Inselaben-
teuer) und gleichwohl vom Nachhall kultureller Bezüge erfüllt
ist. Einer der wichtigsten Sorgen des gestrandeten Robinsons
ist die Aufrechterhaltung der Erinnerung an den Wochenkalen-
der, um den Sonntag zu heiligen; doch die Kalenderblätter gehen aus, und ein Sonntag *en solitude*, der nicht ein gemeinsam
geteilter Sonntag wäre, verliert sowohl seinen religiösen als
auch seinen syndikalistischen Wert. Der einsame Sonntag wird
zum Gespenst. (Vgl. Defoe 1985/1709, S. 83 & S. 132) Versteigt
sich der „Einzige" auch in ein Isolationsexperiment, in dem er
allmählich seine kulturellen Bezüge verliert und arm und ärmer
in jenem „bornierten Egoismus" (EE, S. 82) endet, von dem er
sich doch so heftig abgrenzen will?

Gäbe es von Stirner einen Nachlass von Vorarbeiten zum *Einzigen*, so hätten diese wohl die Gestalt von Exzerptheften mit fehlenden oder mangelhaften Quellenangaben, wie Stirners nach
dem *Einzigen* veröffentlichten und skizzierten Bücher. Zitate
und Paraphrasen von Lektüren gehen unkenntlich oder nur
halb kenntlich in Bücher ein. Ein Exzerptheft mit Vorstufen von
Stirners *Einzigem* könnte Hinweise über die Entstehung geben,
aber es könnte auch verwirren. Ich gebe einige fiktive Beispiele
von „frommen Vorfahren", die illustrieren sollen, dass der *Einzige* nicht vom Himmel fiel, auch wenn eine sog. „Einflussge-
schichte" nicht nachweisbar ist. Was für eine Sensation wäre
die Entdeckung eines Stirner'schen Nachlasses!

1.1 Schleiermacher

„Willkommen mir, in jedem Augenblick, wo ich die Sklaven zittern sehe, aufs neue willkommen, geliebtes Bewusstsein der Freiheit! schöne Ruhe des klaren Sinnes, mit der ich heiter die Zukunft, wol wissend was sie ist und was sie bringt, mein freies Eigenthum, nicht meine Herrscherin begrüße. Mir verbirgt sie nichts, sie nähert sich ohne Anmaßung von Gewalt. Die Götter nur beherrscht ein Schiksal, die nichts in sich zu wirken haben, und die schlechtesten der Sterblichen, die in sich nichts wirken wollen [...] Immer mehr zu werden was ich bin, das ist mein einziger Wille [...] Begegne denn, was da wolle!" (Schleiermacher 1978/1800, S. 68 f.)

„Ists leere Täuschung etwa? Verbirgt sich hinter diesem Gefühl der Freiheit die Ohnmacht? So deuten gemeine Seelen was sie nicht verstehn! Doch das leere Geschwätz der Selbsterniedrigung ist längst für mich verhallt, zwischen mir und ihnen richtet in jedem Augenblick die That." (Schleiermacher, a. a. O., S. 70)

Fiktiver Kommentar Stirners: „Die Freiheit, auf die es ankommt, ist die Eigenheit, sie manifestiert sich in jedem Augenblick der Tat."

„Im schönen Genuss der jugendlichen Freiheit hab ich die große That vollbracht, hinwegzuwerfen die falsche Maske, das lange mühsame Werk der frevelnden Erziehung." (Schleiermacher, a. a. O., S. 71)

Fiktiver Kommentar Stirners: „Die Deformationen der Erziehung, die sog. zweite Natur des Menschen, müssen aus eigener Kraft rückgängig gemacht werden."

„Im Anschaun der großen Gährungen, der stillen und der lauten, lernt ich den Sinn der Menschen verstehen, wie sie immer nur an der Schale haften [...]". (Schleiermacher, a. a. O., S. 72)

Fiktiver Kommentar Stirners: „Der Betrachter von Revolutionen ist desillusioniert; er sieht nur politische Ränkespiele und sinnlose Opfer; die Wurzeln des Elends, die freiwillige Selbstversklavung, werden nicht angepackt. Es braucht Empörung, nicht Revolution." Empörung ist Austritt aus der freiwilligen Selbstversklavung. (Vgl. EE, S. 354 = ed. Kast, S. 319; La Boétie 2009/1574; Newman 2011; Wolf 2008 und 2010c)

„Wenn ich nur dies erreiche, was kümmert mich glüklich sein! Ich weiß auch was ich mir noch nicht zu eigen gemacht, ich kenne die Stellen, wo ich, noch in unbestimmter Allgemeinheit schwebend seit langer Zeit den Mangel eigener Ansicht schmerzlich fühle." (Schleiermacher, a. a. O., S. 73)

Fiktiver Kommentar Stirners: „Der Eigner hat noch vieles vor sich, er wird sich noch in die Werke der politischen Philosophie und der Ökonomie vertiefen. Er ist ein Nachfahre und Vollstrecker des romantischen Bildungsideals. Er wird sich nicht aufhalten lassen von Glücksversprechen, die nicht im Selbstgenuss liegen, sondern in der bequemen Unterwerfung."

„[...] ich trotze dem, was Tausende gebeugt. Nur durch Selbstverkauf geräth der Mensch in Sklaverei, und nur den, der sich selbst den Preis sezt und sich ausbietet, wagt das Schicksal anzufeilschen." (Schleiermacher, a. a. O., S. 74)

Fiktiver Kommentar Stirners: „Der Eigner verkauft sich nicht freiwillig in die Sklaverei. Er spottet dem Sprichwort: Jedermann hat seinen Preis." „Wähle denn, ob Du der Herr sein willst, oder die Gesellschaft Herrin sein soll! Davon hängst es ab, ob Du ein Eigner oder ein Lump sein wirst: Der Egoist ist Eigner, der Soziale ein Lump." (EE, S. 351)

„Ergreift mich hier nicht gerade beim liebsten Wunsch des Herzens das Schicksal? Wird sich hier die Welt nicht rächen für den Troz der Freiheit, für das übermüthge Verschmähen ihrer Macht? [...] Hier stehe ich an der Grenze meine Willkühr durch fremde Freiheit, durch den Lauf der Welt, durch die Mysterien der Natur." (Schleiermacher, a. a. O., S. 75)

Fiktiver Kommentar Stirners: „Hier wird Schleiermacher sentimental. Der verliebte ‚Einzige' hütet sich davor, unter die Haube zu kommen. Er entzieht sich dem ‚Knalleffekt' (Schopenhauer), der vor allem Männer dazu verführt, sich in der Ehe zu binden. Der ‚Eigner' geht keine selbstschädigenden Bindungen ein. Er ist emotional nicht erpressbar. Wenn Ihr mir mein Weib, meine Kinder entführt und droht, sie zu ermorden, falls ich meine Eigenheit nicht aufgebe – wie könnte ich weich werden?" „Nun, der Egoist hat die Bande der Familie zerbrochen [...] Was man Staat nennt, ist ein Gewebe und Geflecht von Abhängigkeit und Anhänglichkeit [...]." (EE, S. 245 = ed. Kast, S. 227 = trans. Leopold, S. 198)

„O wüssten doch die Menschen diese Götterkraft der Fantasie zu brauchen, die allein den Geist ins Freie stellt, ihn über jede Gewalt und jede Beschränkung weit hinaus trägt, und ohne die des Menschen Kreis so eng und ängstlich ist! Wie Vieles berührt denn Jeden im kurzen Lauf des Lebens? Von wieviel Seiten müsste der Mensch nicht unbestimmt und ungebildet bleiben, wenn nur auf das Wenige, was ihn von außen wirklich anstößt, sein inneres Handeln ginge? [...] So nehm ich wie bisher auch ferner kraft dieses inneren Handelns von der ganzen Welt Besitz..." (Schleiermacher, a. a. O., S. 77 f.)

Fiktiver Kommentar Stirners: „Phantasie an die Macht? Wenn das heißt: Du kannst, denn du willst, dann trifft das auf die Eigenheit, aber nicht auf die Freiheit zu. Phantasie und Bildung (einschließlich Willens- und Charakterbildung) führen über den bornierten Egoismus hinaus. Es geht um einen Egoismus ohne Besessenheit, so wie sich z. B. die Bürgerklasse gegen Robespierre wehrte oder das Proletariat gegen die Bürgerklasse. (Vgl. EE, S. 86, vgl. S. 82 = ed. Kast, S. 88 & S. 84) Dieser Egoismus der Eigenheit kommt im Verlauf von Klassenkämpfen seit der Französischen Revolution zum Bewusstsein seiner selbst.[1]

---

[1] Eigenheit scheint keine Grade zuzulassen; sie wird überdies strikt voluntaristisch verstanden. Dieser Voluntarismus hat gleichsam zwei Seiten, eine stoische und eine rebellische. Eigenheit kann ich auch im Gefängnis bewahren – dies ist der stoische Aspekt. Eigenheit ist unverlierbar, wenn ich nur will. Eigenheit drängt nicht zur Duldung, sondern nach Befreiung aus dem Gefängnis und damit aus jeder Form von unfreiwilliger Assoziation – dies ist der rebellische Aspekt, „das egoistische Verlangen nach Freiheit" (EE, S. 241 = ed. Kast, S. 224). Wenn ich meine Eigenheit will, kann mich offenbar kein äußeres oder inneres Hindernis davon abhalten. Gleichwohl macht Eigenheit sensibel für Unfreiheit und motiviert zur Veränderung. Offenbar wäre hier jeder Kompromiss ein fauler Kompromiss. Diese Auffassung scheint

Freiheit dagegen ist und wird immer beschränkt. Zu Beschränkungen der Freiheit durch den Staat kann ich – aus Gründen der ‚Schlangenklugheit' – ja sagen. (Vgl. EE, S. 356 = ed. Kast, S. 321) Aktive Phantasie, welche den Kreis des Denkens und Handelns erweitert, ist nicht passive Phantasie, die nur als Ersatz fehlender Wirklichkeit funktioniert! Der platonische und stoische Hintergrund Schleiermachers ist allerdings zu verwerfen. Mein Einziger baut nicht auf einer Ideenwelt auf, sondern auf Nichts! Er distanziert sich vom romantischen Kunststück deutscher Innerlichkeit in deutscher Misere, von der Sehnsucht nach dem Unendlichen. Die Phantasie gilt ihm daher nicht als ‚Götterkraft'. Der Einzige pflegt und propagiert nicht die utopische Phantasie, d. h. die Phantasie, künftige soziale Ordnungen oder den neuen Menschen, wie er sein sollte, zu entwerfen. Die utopische Phantasie glaubt, dass es viel mehr mögliche als wirkliche Welten gibt. Für den Einzigen dagegen fallen Möglichkeit und Wirklichkeit zusammen." (Vgl. EE, S. 369 & S. 359 = ed. Kast, S. 332 & S. 324)

„Wie lange wär ich schon des Alters Sklave, wenn dies den Geist zu schwächen vermöchte! Wie lange hätte ich schon der schönen Jugend das lezte Lebewohl zugerufen!" (Schleiermacher, a. a. O., S. 86)

---

dem enormen Druck der Wirklichkeit und der *de facto* Verwicklung in nichtfreiwillige Assoziationen zu spotten. Vgl. Walzer 1999, Erstes Kapitel: Unfreiwillige Assoziation. Walzer verweist zurecht auf die Vernachlässigung des Themas der unfreiwilligen Assoziationen. Stirners Radikalismus („Was aber kümmert mich das Gemeinwohl?" EE, S.234 = ed. Kast, S. 218) zwingt geradezu zu dieser Thematisierung.

Fiktiver Kommentar Stirners: „Der Einzige beruft sich nicht quasiplatonisch auf einen unermüdlichen Geist, der vom Leib unabhängig sei, doch er lässt sich nicht vom Geist des Alters oder der Spätzeit unterkriegen, er zählt sich nicht zu den Epigonen und Dekadenten. Obwohl er das Nichts als ‚Grund' und ‚Finalität' eines Menschenlebens anerkennt, ist er doch frei vom ‚Verlangen zum Nichts' (Nietzsche, *Nachgelassene Fragmente* Sommer 1886 - Herbst 1887 = KSA 12, S. 202 f.). Ich appelliere schon in meiner Rezension *Das unwahre Prinzip unserer Erziehung* an ‚Menschen, in denen die Totalität ihres Denkens und Handelns in steter Bewegung und Verjüngung wogt [...] allein die *ewigen* Charaktere, in welchen die Festigkeit nur in dem unablässigen Fluten ihrer stündlichen Selbstschöpfung besteht, und die darum ewig sind, weil sie sich in jedem Augenblicke selbst machen, weil sie die *Zeitlichkeit* ihrer jedesmaligen Erscheinung aus der nie welkenden und alternden Frische und Schöpfungstätigkeit ihres ewigen Geistes setzen – die gehen nicht aus jener [sc. unwahren] Erziehung hervor.' (Stirner 1986/1842, S. 92)[2] Auch ich verkünde den Geist der ewigen

---

[2] Maurice Schuhmann weist darauf hin, dass dieser Begriff des Willens im Einzigen nicht weiter entwickelt wird. (Vgl. Schuhmann 2011, S. 257 & S. 288 ff.) Möglicherweise liegt es daran, dass die Formulierungen der früheren Rezension zu sehr dem Jargon Hegels und Schleiermacher verhaftet sind und dass Stirner mit der Absetzung von dieser Sprache – zu Recht oder zu Unrecht – auch den spezifischen Begriff der Willensbildung nicht mehr explizit behandeln will. Manche Interpreten wie z. B. Rudolf Steiner werden die Formulierung der früheren Rezension vorziehen. Für Steiner ist der Personalismus, die spontane und unablässig wiederkehrende Selbstbefreiung Ausgangspunkt seiner eigenen *Philosophie der Freiheit*. Steiners Einbeziehung der Spiritualität des Menschen findet im früheren Text einen konkreten Anhaltspunkt.

Jugend, nur werde ich mich nicht mehr theologisch ausdrücken. Ist Selbstversklavung nicht Resignation, wie ein vorzeitiges und selbstgemachtes Altern?"

Der frühere Stirner verschweigt seine Beziehung zur Sprache der religiösen Spiritualität noch nicht. Er schreibt:

> Ist es der Drang unserer Zeit, nachdem die *Denkfreiheit* errungen, diese bis zu jener Vollendung zu verfolgen, durch welche sie in die *Willensfreiheit* umschlägt, um die letztere als das Prinzip einer neuen Epoche zu verwirklichen, so kann auch das letzte Ziel der Erziehung nicht mehr das *Wissen* sein, sondern das aus dem Wissen geborene *Wollen*, und der sprechende Ausdruck dessen, was sie zu erstreben hat, ist: der *persönliche* oder *freie Mensch*. Die Wahrheit selbst besteht in nichts anderem als in dem Offenbaren seiner selbst, und dazu gehört das Auffinden seiner Selbst, die Befreiung von allem Fremden, die äußerste Abstraktion oder Entledigung von aller Autorität, die wiedergewonnene Naivität. (Stirner 1986/1842, S. 88)

Nähe und Ferne zur Romantik Schleiermachers zeigen ein erstes, „verschleiertes" Profil des „Einzigen": Er hat sich selber, im Prozess der Aneignung der Welt; dieser Prozess ist eher einem Bildungsprozess als einem materiellen Akkumulationsprozess vergleichbar.[3] Die Romantik wird zwar wiederholt attackiert, doch sie scheint so etwas wie der vorletzte Schritt zum „Einzigen" darzustellen. Das romantische Bildungsideal wird entmythologisiert, Stirners frühe Rezension *Über das unwahre Prinzip*

---

[3] Eine positive Bewertung von Selbstliebe (natürlicher Selbstliebe) und Aneignung findet sich bei Rousseau. Der Mensch eignet sich alles an, auch durch Wissen und Betrachtung. „[...] l'homme est le roi de la terre qu'il habite [...] il s'approprie encore, par la contemplation, les âstres même dont il ne peut approcher" (Rousseau 2010/1762, S. 69).

unserer Erziehung enthält aber noch ein deutliches Nachhallen spiritueller Besinnungen zur Ewigkeit und zu einer *creatio continua* und wiederholten Selbstgeburt und Neuerschaffung der Person. Der Bildungsprozess wird jedoch nicht mehr als unendliche Aufgabe, als Sehnsucht nach dem Unendlichen verstanden; der Gestus der ewigen Jugend wird nicht als Plädoyer für den suchenden Menschen gedeutet, der sich noch nicht hat. „Eigner" ist, wer sich hat (und nicht wer sich sucht), wer aus sich selber Recht spricht (und sich keiner anderen Jurisdiktion unterwirft), und wer sich die Welt genießbar macht.

1.2 Hegel

Stirner hat 1826-1828 als Leser und Hörer Schleiermachers und Hegels in Berlin vielleicht Exzerpthefte angefertigt. Darin könnten wir folgende oder ähnliche Zitate finden:

„Die ihrer selbstbewusste und sich aussprechende Zerrissenheit des Bewusstseins ist das Hohngelächter über das Dasein so wie über die Verwirrung des Ganzen und über sich selbst; es ist zugleich das sich noch vernehmende Verklingen dieser ganzen Verwirrung [...]. Es ist die sich selbst zerreisende Natur aller Verhältnisse und das bewusste Zerreißen derselben; nur als empörtes Selbstbewusstsein aber weiß es eine eigne Zerrissenheit, und in diesem Wissen derselben hat es sich unmittelbar darüber erhoben." (Hegel 1988/1807, 348 f.)

Fiktiver Kommentar Stirners: „Man muss Hegel-Zitate aus dem Zusammenhang reißen und Hegel gegen Hegel lesen, so gelangt man schon zu einem ersten, aber undeutlichen Profil des Einzigen."

Die Paragraphen 45 und 46 von Hegels *Grundlinien der Philosophie des Rechts* könnten Stirner ebenfalls beflügelt haben. Im § 45 wir ein „absolutes Zueignungsrecht des Menschen auf alle Sachen" deklariert. Im Kontext des abstrakten Rechts spricht Hegel hier von den Rechten wie von absoluten Rechten im Naturzustand. Der § 45 lautet:

> Dass ich etwas in meiner selbst äußeren Gewalt habe, macht den Besitz aus, sowie die besondere Seite, dass Ich etwas aus natürlichem Bedürfnisse, Triebe und der Willkür zu dem Meinigen mache, das besondere Interesse des Besitzes ist. Die Seite aber, dass ich als freier Wille mir im Besitze gegenständlich und hier auch erst wirklicher Wille bin, macht das Wahrhafte und Rechtliche darin, die Bestimmung des Eigentums aus. (Hegel 1995/1820, S. 58)

Im Zusatz zum § 46 steht folgende Bemerkung Hegels: „Die Idee des platonischen Staats enthält das Unrecht gegen die Person, des Privateigentums unfähig zu sein, als allgemeines Prinzip." (Hegel, a. a. O., S. 59)

Der § 47 lautet:

> Als Person bin Ich selbst unmittelbar Einzelner; - dies heißt in seiner weiteren Bestimmung zunächst: Ich bin lebendig in diesem organischen Körper, welcher mein dem Inhalte nach allgemeines ungeteiltes äußeres Dasein, die reale Möglichkeit alles weiter bestimmten Daseins ist. Aber als Person habe ich zugleich mein Leben und Körper, wie andere Sachen, nur insofern es mein Wille ist. (Hegel, a. a. O., S. 59)

1.3 Jacobi

„Wer besaß je einen Freund und mochte sagen, er liebe nur seinen Begriff, nicht den Mann mit Namen [...]" (*Die Schriften*

Friedrich Heinrich Jacobis, hrsg. von Leo Matthias, Berlin 1926, S. 94).

Fiktiver Kommentar Stirners: „Recht so! Das ist die leidenschaftliche, herzhafte Freundschaft. Jacobi verteidigt auch ihre Parteilichkeit, die ‚alle Verbrechen zu begehen, mit sich führen‘ kann. Auch ich richte mich gegen die ‚Geringachtung des Ichs, des leibhaftigen Hansen‘.“ (EE, S. 191 = ed. Kast, S. 181) Der Eigner eignet sich den anderen an, indem er seinen Eigennamen ausspricht, nicht indem er ihn als ‚Mensch‘ anspricht. ‚Mensch‘ sagt das Geringste eines Individuums, den gemeinsamen Nenner aller Individuen aus, sofern sie sich nicht voneinander unterscheiden. Es kann sogar als Schimpfwort verwendet werden. Wie fadenscheinig also alle Parteien, welche ‚den Menschen‘ in den Mittelpunkt stellen! Sie machen das Individuum zum Pudel.“[4]

„Wenn wir den Glauben an Personen verlieren, so verlieren wir noch mehr den Glauben an die Allgemeinheiten.“ (Jacobi, a. a. O., S. 57)

Fiktiver Kommentar Stirners: „Genau so! Primat der Person; Allgemeinbegriffe sind nur der Schatten von Personen – gibt es keine Personen, so gibt es nicht mehr den Schatten von Personen, sondern nur noch reine Gespenster. Der Begriffsrealismus Hegels und Feuerbachs macht aus den Schatten Realitäten. Ich

---

[4] Die Hunde „stehen über den Menschen Ich habe auch einen; einen Pudel, und wenn der etwas Garstiges thut, so sage ich ihm: pfui, du bist kein Hund; du bist nur ein Mensch. Ein Mensch; ein Mensch! Pfui, schäme dich. Dann schämt er sich und legt sich in eine Ecke.“ (Arthur Schopenhauer 1971, S. 62)

kann nicht verstehen warum Jacobi trotzdem eine so hohe Meinung von Platon hat."

„In der Natur, überhaupt in der Wirklichkeit und Wahrheit, ist alles positiv. Im Verstande und seiner Möglichkeit ist alles negativ denn im Verstande steht alles unter Begriffen und die umfassendsten sind immer die leersten. Das Weiße, worin der Verstand zielt, das er treffen will, ist das Nichts – oder das All minus Diversität, Individualität, Personalität." (Jacobi, a. a. O., S. 58)

Stirners fiktiver Kommentar: „Auch ein blindes Huhn (wie der fromme Jacobi) findet ein Korn! Begriffe bilden ein Netz, das zu grobmaschig ist, um Diversität, Individualität und Personalität zu erfassen. Gut gegackert, altes Huhn!"

„Mir ist Personalität das Alpha und Omega, und ein lebendiges Wesen ohne Personalität scheint mir das Unsinnigste, was man zu denken vorgeben kann. Sein, Realität – ich weiß gar nicht, was es ist, wenn es nicht Person ist. " (Jacobi, a. a. O., S. 31)

Fiktiver Kommentar Stirners: „Jacobi ist einer der ersten, die von Nihilismus sprechen, und er glaubt, dass die kruziale Frage nicht lautet: Was ist der Mensch? Sondern: Wer? Der fromme Jacobi ist ein Vorläufer des frivolen Einzigen. Er widersteht der ‚christlichen Geringachtung des Ich's, des leibhaftigen Hansen'. Ich kann es nicht fassen, dass er sich trotzdem für den Glauben an Gott stark macht. Bleibt er nicht auf halbem Weg stehen?" (EE, S. 191 = ed. Kast, S. 181)

„Diese meine philosophische Idiosynkrasie verursachte mir früh eine Menge unangenehmer Begegnungen. Dummheit wurde mir beständig, und sehr häufig Leichtsinn, Hartnäckigkeit und Bosheit vorgeworfen. Aber weder Schimpfworte noch die härtesten Behandlungen konnten mich von meinem Übel heilen." (Jacobi, a. a. O., S. 131)

Fiktiver Kommentar Stirners: „Meine Philosophie stützt sich auf Idiosynkrasien, persönliche Launen – warum soll ich das beschönigen? Vielleicht habe ich zufällig die ‚wahre' Philosophie, sofern Pascal recht hat, wenn er meint, dass wahre Philosophie darin besteht, über Philosophie zu spotten. (Vgl. Einleitung von Leo Matthias in: Jacobi, a. a. O., S. 16) Der alte Jacobi ist mir aber zu brav. Er hat noch zu wenig Frechheit." „ [...] deine Frechheit verhilft dir zur Eigenheit." (EE, S. 262 = ed. Kast S. 342) Jacobi war immerhin „[...] mehr als ein Mensch, nämlich ein absonderlicher Mensch" (EE, S. 352 = ed. Kast, S. 318 = trans. Leopold S. 278 „a special man"; besser wäre „an eccentric man"). [Die Anachronismen – Stirner kommentiert eine Jacobi-Kompilation von 1926 und eine englische Übersetzung des *Einzigen* von 1995 – unterstreichen den scherzhaften Charakter meines „Nachlassfundes".]

„Unsere Welt wird noch so fein werden, dass es ebenso lächerlich sein wird, einen Gott zu glauben, als heutzutage Gespenster." (Lichtenberg, in: Jacobi, a. a. O., S. 90)

„Ich gerate [...] in einige Verlegenheit, wenn ich mit meiner Lehre von der Freiheit, welche die Grundlage meiner Philosophie ist, vor den Gerichtshöfen der Schulgerechtigkeit auf die Frage antworten soll, was ich mir denn unter der Freiheit vorstelle, welche ich dem Verstande zum Trotz annehme, und zwar dergestalt annehme, dass sie mir das allein wahrhaft Wirkliche und Gediegene ist; ich soll es sagen, deutlich aussprechen, damit auch in ihnen dieselbe Vorstellung entstehe. Antworte ich nun, dass ich mir darunter vorstelle, was ich notwendig voraussetzen, also auch wohl im Innersten des Gemüts mir vorstellen muss, wenn ich jemanden wegen eines Werkes oder einer Tat bewundere, hochachte, liebe, verehre, so genügt ihnen dieses nicht und sie behaupten, dass eine Begründung durch Gefühle gar keine Begründung sei. Dawider ist kein Rat." (Jacobi, a. a. O., S. 214)

Stirners fiktiver Kommentar: „Was Jacobi von der Freiheit sagt, kann ich für die Eigenheit in Anspruch nehmen – ich muss sie voraussetzen, ich fühle sie, kann sie aber nicht direkt mitteilen und schon gar nicht ‚begründen'. Eigenheit entzieht sich der Aussage; sie gleicht einer Einstellung, die ich zum Ausdruck bringen kann, indem ich etwas tue und gestalte, ohne dabei andere zu imitieren oder anderen zu gehorchen. Ich lasse mich von anderen höchstens anregen, aber nicht prägen und verändern. Mit Handlungen aus Eigenheit zeige ich nicht, was ich bin, sondern wer ich bin.

„Das Ideal ‚der Mensch' ist *realisiert*, wenn die christliche Anschauung umschlägt in den Satz: ‚Ich, dieser Einzige, bin der Mensch.' Die Begriffsfrage: ‚was ist der Mensch?' – hat sich dann in die persönliche umgesetzt: ‚wer ist der Mensch?' Bei ‚was' suchte man den Begriff, um ihn zu realisieren; bei ‚wer' ist's überhaupt keine Frage mehr, sondern die Antwort im Fragenden gleich persönlich vorhanden: die Frage beantwortet sich von selbst." (EE, S. 411 f. = ed. Kast, S. 396)

Es gibt einen Stolz, in manchen Hinsichten nicht gleich wie andere zu sein. Im 20. Jahrhundert wird man Eigenheit mit ‚altérité‘ zum Ausdruck bringen..." [Hoppla! Wieder so ein Anachronismus.]

„[...] meine Unphilosophie [...]" (Jacobi, Brief an Fichte vom 3. März 1799, in: Lindner 1912, S. 163)

Stirners fiktiver Kommentar: „Gegen eine Polemik von Friedrich Nicolai bezeichnet Jacobi seine Denkarbeit als ‚Nichtphilosophie‘, um sie von der ‚Alleinphilosophie‘ eines strikten Rationalismus abzugrenzen. Dies entspricht der Technik, eine pejorative Fremdbezeichnung in eine provokative (und potentiell missverständliche) Selbstbezeichnung umzufunktionieren. Jacobi spricht mehrmals in seinen Schriften von seiner ‚Nichtphilosophie‘. Er übernimmt ein Stigma, eine Fremdmarkierung, die dazu dient, unerwünschte Personen von einer Diskussion oder einer Diskursinstitution fernzuhalten und auszuschließen." [Diese Technik wird im nächsten Abschnitt weiter beleuchtet.]

So viel zu Stirners fiktiven Notizen aus der Studentenzeit, die sich um Exzerpte aus Schiller, Kant, Hölderlin, Schlegel, Novalis und Fichte erweitern ließen. Der Einzige (in der Zweideutigkeit als Text und Gestalt), so lautet meine Hypothese, hat eine Vorgeschichte und Inkubationszeit im „Sturm und Drang" und in der Romantik, ja in allen Perioden, in denen es eine „Empörung" gab; er kann als nachromantische Figur gedeutet werden, sozusagen als desillusioniertes Nachbeben und fernes Echo des Geniekultes. Der Einzige ist weder vorher noch bei Stirner selber eine definitiv profilierte Gestalt. Als „gestaltlose Gestalt" (vgl. Laska 1997, S. 42) bleibt er der Anziehungspunkt von Projektionen. Je nach Erkenntnisinteresse und Wissenshorizont des Lesers oder der Leserin, ergibt sich ein variierender Titel „Stirner und ...", der von „Stirner und die Sophisten" (vgl. Lachmann 1978) zu „Stirner und Marquis de Sade" (vgl. Schuhmann 2007) „Stirner und Kierkegaard" (vgl. Korfmacher 2001, S. 51-54; Arvon 2012, S. 200-219) reicht, ganz zu schweigen von den Elementen der Komparatistik in der späteren Rezeptionsgeschichte, die häufig von einer primären oder sekundären Verdrängung oder Zurückweisung geprägt ist. (Vgl. Laska 1997) Die Tücken der Komparatistik sind beträchtlich. Komparatistisches Urteilsvermögen bringt bestenfalls auch das Unvergleichliche, den Einzigen als den „Unvergleichlichen" an den Tag; schlimmstenfalls wird die Eigenheit des Einzigen verdunkelt.

Selbst im Anspruch darauf, neu und einzigartig zu sein, liegt ein Vergleich – neu heißt meist neuer als... Je neuer eine Sprache ist, umso mehr gleitet sie in Surrealismus und Unverständlichkeit ab. Es gibt kein Verstehen ohne Vergleich, keine „raison" ohne „comparaison". (Vgl. Steiner 1997, S. 115–140 [Was ist Komparatistik?]) Stirner manövriert sich gelegentlich selber ins Unfassbare und Unangreifbare einer „Unphilosophie", die sich gegen argumentative Kritik immunisiert. (Vgl. EE, S. 163 f. & S. 388 f. = ed. Kast, S. 155 f. & S. 349) Solche und andere Stellen können auch als Kommentare zu den Grenzen der sprachlichen Mitteilung gelesen werden. (Vgl. Lueken 2008)

Aus Stirners kämpferischer Perspektive müssen auch „liberale religiöse" Autoren mit pantheistischen oder atheistisch-humanistischen Neigungen, die den Weg in die Zukunft einer

Religion nach der Aufklärung weisen, suspekt bleiben, auch wenn sie dazu beitragen mögen, das „äußere Jenseits" zu überwinden und einen radikalen Immanenzstandpunkt zu beziehen. Auch Denker, die wie Hegel der Dichotomie von Jenseits und Diesseits entgegentreten, lassen so etwas wie ein „inneres Jenseits" bestehen.

> Das Jenseits außer Uns ist allerdings weggefegt, und das große Unternehmen der Aufklärung vollbracht; allein das Jenseits in Uns ist ein neuer Himmel geworden und ruft Uns zu erneutem Himmelsstürmen auf [...]. (EE, S.170 = ed. Kast, S. 162 = transl. Leopold, S. 139)

Dieser Kampf gegen das „Jenseits in uns" kann sich gegen Kants Errichtung eines objektiven moralischen Gesetzes in uns („Faktum der Vernunft"), gegen das „Gattungswesen" Feuerbachs und des jungen Marx (vgl. EE, S.192 = ed. Kast, S. 182), gegen Bruno Bauers „Menschen", gegen Schleiermachers „Gefühl der schlechthinnigen Abhängigkeit", aber auch gegen christozentrische Neuansätze der Theologie oder Richtungen der Mystik und Esoterik richten. Das „Jenseits in Uns" steht für verinnerlichte Autorität, das Resultat autoritärer Erziehung, die das Brechen des Eigensinns anstrebt. Die rabiate und pauschale Religionskritik, die Religion mit dem „Stabilitätsprinzip" (EE, S. 379 = ed. Kast S. 340) und mit politischem Strukturkonservativismus gleichsetzt, wird um eine subtilere Religionskritik ergänzt, die in die „inneren Geheimnisse" des autoritären Charakters vordringt.

Ob damit alle religiösen Ansätze getroffen sind und ob es innerhalb religiöser Traditionen nicht auch Elemente einer Kritik und Loslösung vom „inneren Jenseits" gibt, wäre zu prüfen. Vielleicht kann man Stirner vorwerfen, dass er selber keine Klarheit darüber erlangt oder vermittelt, ob es ihm darum geht, das Werk der „Tötung Gottes" zu Ende zu führen (was auch immer das heißen mag) oder ob er den Einzigen selber als Gott inthronisiert, was dem Einzigen zumindest teilweise das Profil des Antichristen verleihen könnte. Der Abschnitt am Anfang der zweiten Abteilung, aus dem soeben zitiert wurde, bleibt in dieser Frage offen. Es scheint allerdings im übrigen Text des *Einzigen* kaum Anhaltspunkte für eine Vergottung des „Einzigen" oder Anregungen zu einem neuen Kult des „Einzigen" oder einer neuen, gottlosen „Mystik" zu geben.

2 Stirners Bestiarium

Ein ungewöhnlicher Text ruft nach ungewöhnlichen Leserinnen und Lesern. (Vgl. Steiner 1997, S. 9–36 [Der ungewöhnliche Leser]) Im Folgenden geht es darum, wie Stirner zu lesen sei. Dabei schließe ich aus, dass man den *Einzigen* nur oder ausschließlich wie eine gewöhnliche philosophische Abhandlung liest, die z. B. eine stark abweichende Moralkasuistik enthält, die unter anderem Mord empfiehlt. Anlass zu einer solchen „plündernden" Lektüre könnten zwei Stellen sein. (Vgl. EE, S. 324 & S. 356 f. = ed. Kast S. 294 & S. 321 f.) Diese Lesart, die z. B. solche Stellen isoliert, wird der Machart des Textes nicht gerecht. Vielmehr ist darauf zu achten, dass Stirner häufig polemische Ausdrücke anderer übernimmt und ins eigene Vokabular aufnimmt. Stirners Technik der Aneignung Hegels ist u. a. durch die Hegel-Lektüren von Feuerbach, Marx und Bruno Bauer vorbereitet: Zitate und Gedanken Hegels werden aus dem systematischen Zusammenhang gerissen und gegen den Strich gebürstet. Was bei Hegel ein vorläufiges, im Ansatz kritisches Porträt des Einzigen als niedrige Reflexionsstufe darstellt, wird bei Stirner zum Anfangs- und Endprodukt einer personalistischen Auffassung des Einzigen. Man könnte das auch als bewusste Regression bezeichnen: Was bei Hegel die embryonale Stufe des absoluten Geistes im abstrakten Recht (oder im Naturzustand) darstellt, wird von Stirner zum Einzigen isoliert und verabsolutiert. Kurz: Stirner selber ist häufig ein plündernder Leser, aber sein Text verdient eine bessere Lesekunst als z. B. jene, die Marx im Kapitel „Sankt Max" in der *Deutschen Ideologie* bis zum Überdruss praktiziert.

Stirners Auseinandersetzung mit dem Zeitgeist der Reaktion könnte folgendes Bild vermitteln: Stirner legt sich als Individuum mit dem kollektiven Prozess der Reaktion an; er ist der strahlende Held im Krieg gegen die Reaktion; es ist voraussehbar, dass er diesen Kampf gegen Drachen und Windmühlen verlieren wird. Es ist das Bild des Don Quijote oder das Bild der „lachenden Verlierer" (vgl. Stowasser 2010). Sind solche Bilder hilfreich? Oder verkennen sie die Machart des Textes? Ich möchte unterstreichen, dass hier das Vergleichen und Einordnen des Textes nicht als Lösung, sondern als Problem betrachtet wird. Die „Aussage" des Textes wird durch die Künste der Komparatistik nicht verständlicher, sondern allenfalls seine Machart.

Dies ist dort besonders offensichtlich, wo der erzählende Vergleich vorkommt, das Gleichnis im Text. „[…] so wendet sich der Staat gegen mich mit aller Kraft seiner Löwentatzen und Adler-

klauen: denn er ist der König der Tiere, ist Löwe und Adler."
(EE, S. 282 = ed. Kast, S. 259) Das scheinbar erhabene Bild wird
konterkariert.

> [...] solange wir in dem Irrtum stecken, er sei ein Ich, als welches
> er sich denn den Namen einer ‚moralischen', ‚mystischen' oder
> staatlichen Person' beilegt. Diese Löwenhaut des Ichs muss Ich,
> der Ich wirklich Ich bin, dem stolzierenden Distelfresser abzie-
> hen. (EE, S. 246 f. = ed. Kast, S. 228 f.)

Der Text antwortet auf den Subtext der Fabel vom Esel mit dem
Löwenfell. (L'ane vêtu de la peau du lion in: La Fontaine: Fabeln, fünftes Buch, XXI) Der Esel verrät sich durch seine Ohren;
das Löwenfell verrutscht, weil er sich zu einem Distelbusch
neigt. Dies wird durch die Illustration von Grandville verdeut-
licht. Der Esel ist der Typus des Prahlers und steht auch in anderen Fabeln im Gegensatz zum mächtigen Löwen, der nicht zu
prahlen braucht.

Ein fabelhaftes Bestiarium (inklusive Pflanzen) findet sich im
Text des *Einzigen*. Im markanten Unterschied zur Vergangen-
heit der Tiervergleiche im *Physiologus* und in den Fabeln dient
der Mensch-Tier-Pflanze-Vergleich keiner Moral – Tiere und
Pflanzen sind weder moralische Vorbilder noch symbolische
Platzhalter einer hierarchisch inferioren Schöpfungsordnung.
Es geht nicht um eine nur dem Menschen eigene „Würde", nicht
um Ermahnung vor tierischen Lastern und auch nicht um
Nachahmung der vermeintlichen Tugenden von Tieren. (Vgl.
EE, S. 372 = ed. Kast, S. 335) Am ehesten könnte der Einzige
noch die Aufforderung durchlassen: „Schaut die Lilien auf dem
Feld an [...]" (Mt. 6, 28), sofern dieses Gleichnis nicht nahelegen

soll, der Mensch müsse etwas anderes sein oder werden als das, was er von seinem ersten Geburtsschrei an ist. Der Tier-Pflanzen-Mensch-Vergleich kann keine normative Botschaft enthalten. Gleichwohl ist der Text durchsetzt von Tieren und Mensch-Tier-Vergleichen. Es wimmelt von Jagdhund und Wild, Schafen, „Schwanenverbrüderungen" (EE, S. 287 = ed. Kast, S. 263), Vögeln und Blumen, Nachtigall und Rose. Einige Vergleiche veranschaulichen, dass frei lebende Tiere keine von außen aufgezwungene Aufgabe zu erfüllen haben. Sie haben auch keine „innere Bestimmung", keine Norm zu erfüllen. Dies unterscheidet sie von dressierten Tieren oder Nutztieren, jener armen Wesen, „die nach der Pfeife der Schulmeister und Bärenführer tanzen" (Vgl. EE, S. 365 = ed. Kast, S. 329). Im Übergang vom Christentum zum liberalen Humanismus und Kommunismus findet nicht etwa weniger, sondern noch mehr Dressur statt. „Die Dressur wird immer allgemeiner und umfassender." (EE, S. 365 = ed. Kast, S. 329)

Tiere können aber auch als Wesen beschrieben werden, die „nur" Gattungswesen sind, ohne Individualität. Der Vergleich der Deutschen mit einem Bienenstock gibt dem Text eine eigene Klangfarbe. Menschen, die nur Deutsche, und nicht eigenwillige Personen werden wollen, gleichen Bienen, die nur Bienen sein wollen. Die Bienenfabel evoziert die Unmöglichkeit, aus bloßen Untertanen eine freiwillige Assoziation zu bilden. Der Text spielt mit dem Bild der Bienen und der Bienenstöcke, er wird sinnlich und beginnt gleichsam wie ein Bienenschwarm zu summen. (EE, S. 253 ff. = ed. Kast, S. 234 ff.) Der Egoismus und Personalismus richtet sich gegen den Nationalismus und die

Projekte einer nationalen Erziehung. (Vgl. Stirner 1986/1842, S. 97) In dieser Verwendung des Mensch-Tier-Vergleichs klingt die traditionelle satirische Bedeutung an, der gemäß Menschen „auch nur" Tiere sind.

Stirner erkennt auch den Speziesegoismus (oder Speziesismus) im Eigentumsdenken; Tiere werden willkürlich, aufgrund der Übermacht der Menschen vom Anspruch auf Eigentum ausgeschlossen. (Vgl. EE, S. 276 = ed. Kast, S. 254) Der Speziesismus ist eine weitere Bestätigung der Beobachtung, dass Macht und nur Macht (den Schein von) Recht schafft. Obwohl ein uneigennütziges Engagement für die „Rechte der Tiere" aus der Perspektive des Einzigen und seines Egoismus kaum zu begründen wäre, wird doch der Blick frei auf Willkür und Gewalt im Dominium der Menschen über die Tiere. Stirners nicht-bornierter Egoismus öffnet gleichsam die Augen für die artgerechten Tiersprünge und den qualitativen Unterschied zu Dressurakten. Ein sogar in der Tierrechtsbewegung eher vernachlässigter Gesichtspunkt wird zur Geltung gemacht: jener der natürlichen Freiheit der Tiere.

Dass der Tiervergleich im Kapitel „Selbstgenuss" vorkommt und sogar explizit zur Sprache kommt, erklärt sich aus dem stets wiederholten Vorwurf gegen den Hedonismus und Epikureismus der Antike, der besagt, diese Richtung der Philosophie verkörpere eine „Schweinephilosophie". Dieser Einwand wird nicht etwa zurückgewiesen oder entkräftet, sondern der Status von Menschen und Tieren wird in ein anderes Licht gerückt. Tiere und Menschen werden nicht normativ oder teleologisch als Wesen mit einer „Aufgabe" verstanden, die aus sich etwas anderes machen sollten als das, was sie bereits sind, oder deren Wesen und Erfüllung erst in der Zukunft liegt. Es gibt keine Kluft zwischen Potential und Realisierung, Wirklichkeit und Möglichkeit. (Vgl. EE, S. 369; vgl. S. 359 = ed. Kast, S. 332, S. 324) So betrachtet werden Tiere nicht zu Vorbildern für den Menschen. Unterschiede zwischen Mensch und Tier werden keineswegs nivelliert. Vielmehr wird klar, dass der traditionelle, essentialistische Gebrauch dieses Vergleichs – außer für satirische Effekte – wenig taugt, da bereits die Unterschiede unter den Menschen zu groß sind, um ein einheitliches Wesen „des" Menschen einem einheitlichen Wesen „des" Tieres oder „der" Pflanze gegenüberstellen zu können. Stirners Absage an den philosophischen Essentialismus und Begriffsrealismus macht vielmehr den Weg frei, um über Eigenheit und Diversität der Tiere nachzudenken.

3 Stirners Technik der Aneignung von *pudenda*

Eine Technik von Stirners Schriften besteht darin, sich gegen bösartige Fremdbezeichnungen nicht zu wehren, sondern sie zu übernehmen. Ein bösartiger Tumor wird in einen gutartigen Tumor verwandelt. Es ist die Technik der Verwandlung von *pudenda* in *signa*. Sie gleicht dem Verfahren jener, die sich selber, mit dem Gestus einer trotzigen Selbstermächtigung und Aneignung, als Nigger, Weiber, Nutten, Schwule, Juden, Zigeuner, Schweine oder Narren bezeichnen. Auch die sog. „Krüppelbewegung" eignet sich eine verächtliche Fremdbezeichnung an und bedient sich der stilistischen Paradoxie, das eigene Anliegen in fremder Zunge zu plakatieren.

Das „Lob der Torheit" klingt an, wenn Stirner Bruno Bauers Privatnarrheiten in sein Vokabular aufnimmt. (Vgl. EE, S. 189 & S. 193 = ed. Kast, S. 179 & S. 183 = trans. Leopold, S. 155 & S. 158 ‚private follies') Stirner erfindet nicht ein neues Wort, sondern macht ein ironisches *Recycling* des alten Ausdrucks, der – höchst ungewöhnlich – nicht mehr als Fremdbezeichnung verwendet wird. ‚Privatnarrheit' ist ein anderes Wort für das, was Mill „eccentric", Nietzsche „Idiosynkrasie" nennt. Doch Stirner verwendet das Wort, als wäre es bereits ein eigenes Wort, seine Eigenheit. „Ich aber fürchte den Fluch nicht und sage: meine Brüder sind Erznarren." (EE, S. 47 = ed. Kast, S. 53 = transl. Leopold, S. 43. Dies ist eine Travestie von Mt. 5, 22) Aus Schimpfwörtern werden teils zornige, teils ironische Selbstbezeichnungen. Darin liegt eine Weigerung, zu verschwinden, sich unsichtbar zu machen und sich dem Druck der Erwartungen anzupassen. Dieser Wortgebrauch hat etwas Demonstratives; er ist das performative Äquivalent einer *gay-parade*, in der sich Schwule und Lesben nicht tarnen, sondern kollektiv ‚outen'. Die „Frechheit" dieser stilistischen Machart ist unüberhörbar.

> Wir sind verdammte Nigger – und ihr habt von uns auch nichts Besseres zu erwarten. Ein Nigger ist kein weißer Gentleman. Wir haben nicht vor, uns zu reinigen. Wir bedrohen euch mit dem Stigma, das ihr uns zugefügt habt. (Frei erfunden)

In dieser (frei erfundenen) Deklaration liegt neben der Assimilationsverweigerung eine Drohung, die empfindlich reagiert gegen die externe Fremdbezeichnung „Nigger" als auch gegen die Zumutung, andere und anders zu werden, sich zu verwandeln oder zu assimilieren. „Ihr müsst mit uns rechnen, und zwar auch so, wie ihr uns hasst und ablehnt." Ähnlich muss der Trotzrevolte des Einzigen eine Serie von Verletzungen und Stigmatisierungen vorausgehen, eine lange Geschichte der Verkleinerung und Selbstverkleinerung des Ichs, die mit Marginalisierung und Auslöschung endet. So gesehen sind sowohl das Ich des Eigners als auch das Nichts, auf das es sich „gründet", die eigene Nichtigkeit, das Endprodukt einer langen Vorgeschichte von Beschimpfung und Beschneidungen des Ichs. Das Ich Stirners ist nicht das Ich des Deutschen Idealismus, sondern das Ich, das reale und symbolische Kastrationsandrohungen überlebt und übersteht, sozusagen das phallische Ich.

Der Einzige und Eigner will sich nicht beliebt machen, er buhlt nicht um Stimmen und Einschaltquoten, sondern er mutet sich als das zu, was er ist und wie er auch von anderen gehasst oder gefürchtet ist: als Egoist. Sagt man einem Politiker in einem Fernsehinterview: „Sie sind ein Egoist!", so wird er reflexartig sagen: „Keineswegs, ich liebe alle Landsleute." (Jacques Chirac hat gesagt: „J'aime tous les Français.") Oder er wird sich empören und den Kontrahenten des Egoismus bezichtigen. Stirner dagegen schreibt aufrichtig, aber undiplomatisch:

> Ich liebe die Menschen auch, nicht bloß einzelne, sondern jeden. Aber Ich liebe sie mit dem Bewusstsein des Egoismus; Ich liebe sie, weil die Liebe Mich glücklich macht, Ich liebe, weil Mir das Lieben natürlich ist, weil Mir's gefällt. Ich kenne kein ‚Gebot der Liebe'. (EE, S. 324 = ed. Kast, S. 294 = trans. Leopold, S. 258)

Sagt man einem Politiker oder Bankier: „Sie sind ein Verbrecher!", sagt er voraussichtlich: „Ich verurteile und bekämpfe

alle Verbrechen. Also kann ich kein Verbrecher sein." Nicht so
der Einzige: Er nimmt die Beschimpfung auf sich, allerdings
nicht demütig, sondern frech, zornig und störrisch. Er ist die
ironische und maliziöse Erfüllung einer Denunziation. Er ist der
Verbrecher, den man zensuriert, verfolgt und einsperrt. Es liegt
keine Verwechslung vor. Es hat tatsächlich eine „rupture" stattgefunden. Er ist der Ver-Brecher, der mit so vielem gebrochen
hat. Der „Ver-Brecher" und der „Ver-Rückte" stehen für die
„rupture". Genau genommen ist es ein zweites, willentliches,
freies Verbrechen; es folgt dem ersten, repressiven Ver-
Brechen der Erziehung als dem Versuch, den Eigenwillen des
Zöglings zu brechen. (Vgl. Stirner 1986/1842)

Das Wort ‚Verbrechen' gewinnt damit eine symbolische Radikalität, die es im alltäglichen Gebrauch nicht hat, wenn man damit
einen Straftäter, z. B. einen Attentäter bezeichnet. Ver-Brechen
und Em-Pörung bezeichnen ganz allgemein eine stark abweichende Perspektive, einen Bruch mit gewöhnlichen und traditionellen Perspektiven. Stirner bezieht das Verbrechen z. B. auf
eine von der Kirche abweichende Interpretation der Bibel.
„Wer das Urteil fällte, es sei die Bibel ein langer Irrtum der
Menschheit, der urteilt – *verbrecherisch*." (EE, S. 377 = ed. Kast,
S. 339) Und Empörung wird in einer Fußnote, die sich kokett an
den Zensor wendet, etymologisch umgedeutet. (Vgl. EE, S. 355
= ed. Kast, S. 320 = trans. Leopold, S. 280 übersetzt ‚Empörung'
mit ‚insurrection') Stirner schlägt aus der Vieldeutigkeit des
Ausdrucks ‚empören' als revoltieren, aufsteigen, sich aufrichten
semantischen Profit. Nach Stirner kann ‚Empörung' auch Revolte bedeuten, ja sogar Revolution, sofern sie aus egoistischer

Empörung hervorgeht und nicht in Aufopferung und Brutalität für Ideale und Obsessionen umschlägt. Allerdings verwahrt sich Stirner gegen ein Verständnis von Revolution, das auf nichts anderes als „Personalwechsel" hinausläuft. (Vgl. EE, S. 121 = ed. Kast, S. 119)

Auch gegen das Etikett der Donquijoterie braucht er sich nicht zu wehren. Wird Stirner als Don Quijote etikettiert, so wird er wie Don Quijote gegen alle „Ungerechtigkeiten" im Alleingang antreten – er wird sich dazu auf keine Organisation, keinen Staat, keine Kirche und keine Partei stützen. Er ist sich Manns genug. Der Einzige charakterisiert sich als Einzelgänger, der vorübergehende Zweckbündnisse akzeptiert, aber nur so lange, als es dem Einzelgänger passt. Der Einzelgänger versucht sich nicht darzustellen und zu legitimieren als jemand, der das Recht der Verfassung, die Macht des Dritten Standes, die Legitimität von Gleichheit, Freiheit und Brüderlichkeit im Rücken hat.

Wie steht es mit dem Etikett Sancho Panza, das ihm Marx nach der Kritik an Szeliga in der *Deutschen Ideologie* anheftet? Auch hier wäre es naheliegend, die Fremdbezeichnung als Selbstbezeichnung zu inkorporieren. Sancho Panza ist zumindest frei von einigen Obsessionen seines Herrn, aber er ist noch nicht völlig frei von der vagen Hoffnung auf die versprochene Insel, auf der er Herr und Genießer sein wird. *De facto* ist er das desillusionierende Realitätsprinzip an der Seite von Don Qujiote. Insofern ist es eine subversive Lust, Sancho Panza zu sein oder zu spielen. Es ist naheliegend, dass Stirner replizieren würde: „Als ‚Sancho Panza' folgt der Einzige nur so lange seinem Don

Quijote, als er sich davon einen Vorteil verspricht, und dieser Vorteil hat den materialistischen Charakter eines Schlaraffenlandes, und nicht den Charakter eines himmlischen Paradieses. Sancho denkt: Wenn ich Dich liebe, folge ich meinem Bauch."

Stirners Technik findet sich bereits in den parodistischen Anti-Hegel-Schriften von Bruno Bauer. (Vgl. Bauer 1841 und 1842) Bauers stilistische Vorbilder könnten auch Autoren wie Heinrich Heine und Ludwig Börne sein. Trotz aller Differenzen zwischen Stirner und Bauer kann man diese ironisch-parodistische Übernahme von Fremdbezeichnungen zu Selbstbezeichnungen bei beiden Autoren beobachten. Im Zuge dieser Annahme von Fremdetikettierungen mausert sich Bruno Bauer vom Christen zum Pantheisten und schließlich zum Atheisten. Heinrich Leos Kampf gegen die „Hegelingen" als Pantheisten und Atheisten wird sozusagen geschultert, die Fremdbezeichnungen werden in Bauers ironischen Streitschriften zum schillernden Vokabular des Parodisten: Er hetzt Hegel als jenen „Atheisten" und „Antichristen" auf dem bereits so viel herumgetrampelt wurde. Bauer schreibt im bigotten Entrüstungsstil der damals bekanntesten Prediger und erbaulichen Schriftsteller, die gegen Hegels Pantheismus gewettert haben.

Stirner wendet diese Technik, die er bei Bauer vorfindet, auch gegen Bauer selber an, etwa gegen dessen Denunziation des Egoismus und seine Verteidigung des „Mitmenschen" gegen den „Unmenschen". Bauer scheint noch ein Anhänger des humanistischen Bildungsideals der harmonischen Vielseitigkeit zu sein. Der Einzige entlarvt sich selber als der Egoist und „Unmensch" (vgl. EE, S. 195; ed. Kast, S. 184); was von Bauer perhorresziert wird, nimmt Stirner genüsslich in sein Vokabular auf. Er eröffnet eine Kritik an Bauer mit der typischen *exhortatio*: „Trachten wir darum nicht nach der Gemeinschaft, sondern nach der Einseitigkeit." (EE, S. 349 = ed. Kast, S. 315; vgl. Wolf 2010b, S. 226; De Ridder 2011) Was auf den ersten Blick als stilistische Verschrobenheit erscheinen mag, erweist sich als angeeigneter Subtext. Bauers Kampfparolen wie „Egoist" und „Unmensch" werden als „supplément", d. h. mehrdeutig, schillernd, in weiterführender und bereichernder Komplizierung und Differenzierung angeeignet. (Vgl. Derrida 1967, S. 203–234) Eine ähnliche Umwertung der Bedeutung findet sich bei Heidegger, der den Vorwurf der Einseitigkeit auffängt und sinngemäß erwidert: Einseitig mag mein Denken sein, doch was tuts, wenn es sich nach der wesentlichen Seite neigt.

Stirner sperrt sich auch gegen Bauers Denunziation der „Massen". In diesem elitären Dünkel der kritischen Kritik könnte man bereits eine Antizipation von Bauers späterer Annäherung an die Reaktion und den Antisemitismus sehen. In Kontrast zu den Donquijoterien der „kritischen Kritik" erscheint nun der Einzige eher als Sancho Panza. Stirners Kritik an Bauers Theorie der „Massen" und des „Unmenschen" hat auch die Kritik von Marx an Bruno Bauer inspiriert. (Vgl. MacLellan 1969; Arndt 2010; Eßbach 2010; Tomas 2011) Marx hat allerdings diese Inspirationsquelle nicht offengelegt, und er hat auch einen anderen Weg eingeschlagen, den man aus Stirners Optik als „Proletenkult" denunzieren könnte. Marxens maßlose Tiraden gegen das „Lumpenproletariat" (besonders exzessiv im Briefwechsel mit Engels!) richten sich auch gegen Stirners weiten

Begriff des Proletariats. Es handelt sich um jenen Teil des Proletariats, der sich nicht parteipolitisch „bilden" bzw. konditionieren lässt. Auch Stirner verwendet den Ausdruck ‚Lump' abschätzig. Für einmal wendet er nicht die beschriebene Technik an. Doch der Lump ist ihm nicht der Oppositonsbegriff zum Proletarier mit Klassenbewusstsein, sondern zum Eigner.

Im Rückblick ist die heftige und extensive Polemik von Marx gegen Stirner schwer einzuschätzen. Vieles daran ist maliziös und beruht auf Übertreibung und Verdrehung. Bedenkenswert bleibt jedoch die zentrale These von Marx, dass die deutsche Misere und das Ausbleiben einer politischen Revolution in Deutschland vor allem ökonomische Gründe hatten und von den Vertretern der deutschen Ideologie durch eine Revolution der Gesinnung oder der inneren Freiheit kompensiert wurden. Diese Analyse könnte auch dazu dienen, Stirners „Phrasen" des Einzigen und der Eigenheit nicht nachzuplappern. So betrachtet ist auch der Vorschlag, Stirner – zumindest als komparatistisches Experiment – als Postromantiker zu lesen, mehr als nur der Versuch einer geistesgeschichtlichen Einordnung. Es geht auch darum, eine Distanz zum Jargon des Einzigen zu finden. Stirner selber charakterisiert ihn nachträglich als Phrasen. (Vgl. Stirner 1986, S. 190 & S. 217). Dies kommt nicht einem Rückzug oder Widerruf gleich, sondern einem nachdenklichen Kommentar über die Grenzen eines idiomatischen Personalstils.

Die vom Marxismus wiederholte Polemik gegen Stirner wird dem gedanklichen Feuerwerk, das im *Einzigen* abgebrannt wird, nicht gerecht. Stilistisch raffiniert ist etwa, wie Stirner den Ausdruck ‚Proletariat' einführt. ‚Prolet' ist auch ein Schimpfwort, und es ist vor allem ein Ausdruck, mit dem die Bourgeoisie ihre Angstprojektionen und ihre sittliche Entrüstung ventiliert: Industrieritter, Buhlerin, Dieb, Räuber, Mörder, Spieler, Freudenmädchen, geistige Vagabunden, unruhige Köpfe. Dies führt zur zusammenfassenden These: „Solch weiten Sinn hat das sogenannte Proletariat oder der Pauperismus." (EE, S. 124 = ed. Kast, S. 121) Marx stürzt sich in der *Deutschen Ideologie* auf diesen weiten Sinn und übt seine oberlehrerhafte Kritik an Stirner mit den bekannten Unterscheidungen zwischen Proletariat und Pauper, Bourgeois und Citoyen etc. (vgl. MEW 3, 183), ohne zu beachten, dass Stirner das gefährliche Proletariat und den Pauper und zahlreiche Varianten unbürgerlicher oder antibürgerlicher Existenzformen als Angst- und Entrüstungsprojektionen der Bourgeoisie einführt. Die aufgezählten Ausdrücke sind stark abwertend, sogar kriminalisierend. Der Einzige als Ausgeburt des Widerspruchsgeistes gehört im Sinn und Geist der stilistischen Technik Stirners eben zu diesen „geistigen Vagabunden" und „unruhigen Köpfen"; er bricht mit Traditionen und wird damit zum „Verbrecher" (EE, S. 219 = ed. Kast, S. 205); „[...] meine Brüder sind Erznarren" (EE, S. 47 = ed. Kast, S. 53). Er wird nicht mit einem affirmativen Vokabular geschönt.

Stirner geht auch in einer anderen Hinsicht über Bauer und Marx hinaus: Er maßt sich nicht die Rolle eines Siegers der Geschichte an. (Vgl. Wolf 2010a) Der Einzige setzt auf die Empörung des Einzelnen und zielt nicht auf das „Wohl aller". (Vgl. EE, S. 345 f. = ed. Kast, S. 312) Er hat keine revolutionäre Apokalypse zu vollstrecken, obwohl auch er deren Wetterleuchten am Horizont beobachtet. Im *Einzigen* finden sich zwei markante Aussagen über die Revolution:

„Durch die Revolution wurde die Bourgeoisie allmächtig [...].“ (EE, S. 130 = ed. Kast, S. 126)

> Eine Revolution kehrt nicht wieder, aber ein gewaltiges, rücksichtsloses, schamloses, gewissenloses, stolzes – *Verbrechen*, grollt es nicht in fernen Donnern, und siehst Du nicht, wie der Himmel ahnungsvoll schweigt und sich trübt? (EE, S. 267 = ed. Kast, S. 346)

Stirner sucht nicht nach einer Legitimation der Revolution, sondern er begnügt sich mit der apokalyptischen Drohkulisse eines großen Verbrechens. Er kleidet die Drohung in eine Frage, nicht in eine prophetische Gerichtsandrohung. Der Einzige weiß nicht den Wind der Weltgeschichte in seinem Rücken. Er verzichtet auf die Garantien einer Geschichtsphilosophie. Der Einzige – so könnte man fortfahren – ist nicht nur der störrische und desillusionierte Einzelgänger; er geht auch das Risiko ein, als Verlierer der Geschichte zu enden. Stirner *alias* Kaspar Schmidt wird erfahren, dass es nicht nur eine Karriere „nach oben“ gibt, sondern auch Abstieg, Marginalisierung, Verschwinden im Alter von fünfzig Jahren, Krepieren in Hinterzimmern. Das Leben ist ephemer, vergleichbar dem kurzen Aufflackern und Erlöschen einer sich selbst verzehrenden Kerze. (Vgl. EE, S. 358 f. = ed. Kast, S. 323) Was von Stirner haften bleibt, ist eine halb verdeckte Karikatur im Kreise der „Freien“, skizziert von Friedrich Engels, ein Korpus von Texten und eine erstaunliche und verwirrende Rezeptionsgeschichte. (Vgl. das magistrale Werk von Stulpe 2010)

Stirner kommt dem Anarchismus nahe, auch wenn er dessen revolutionäres Fieber nicht teilt. Auch in der Frage des Staates nimmt Stirner die Fremdbezeichnung auf sich: Der Einzige verharrt angesichts der vermeintlichen Autorität des Staates als Skeptiker und Sophist im Naturzustand, in dem sich niemand dem Richterurteil eines anderen beugen muss. (Vgl. EE, S. 205, S. 228 & S. 342 = ed. Kast, S. 193, S. 213 & S. 309) Das Verharren im Naturzustand besagt, dass es keine Rechte gibt, außer jene, die man sich nimmt – im Naturzustand wird man klugerweise nicht darauf warten, dass man von jemand anders autorisiert oder beschützt wird. Man wird nicht darauf warten, dass man „vertreten" oder „vermittelt" wird. Man wird nicht darauf warten, bis man vom Vater in die Emanzipation entlassen oder vom Gesetz mündig erklärt wird, sondern man wird sich die Mündigkeit, die so häufig „dem Volk" bzw. „den Massen" abgesprochen wird, anmaßen und aneignen. Die ganze Rhetorik der Aneignung des Eigners entspricht dieser Übernahme eines *pudendum*, des eigenmächtigen, willkürlichen, launischen Individuums im Naturzustand. Der Einzige im Naturzustand wird weder durch die Furcht vor den anderen noch durch Verheißungen von Prosperität und Industrialisierung erpressbar. Mit dieser Stärkung und Selbstautorisierung des Individuums geht ein antagonistisches Verständnis von Politik einher: Politik als Kampf und Konflikt, in dem sich Koalitionen bilden und in dem sich Freund und Feind gegenüberstehen.

Im Revolutionsjahr, wo die Reaction mit mehr oder weniger richtigem Gefühle eine Scheidung von Freund und Feind vornahm [...]. (Stirner 1852, II, S. 187)

Konflikt und Konkurrenz, so real und unausweichlich sie sind, werden von Stirner jedoch nicht im Sinne eines Sozialdarwinismus zu kausalen Faktoren oder erklärenden Prinzipien erhoben. Sie werden auch nicht schematisch zu Klassenkämpfen stilisiert. Sie bilden vielmehr Perspektiven im Kampf der sich selber und andere definierenden politischen Individuen und Parteien. Auch der sog. Naturzustand wird von Stirner nicht als Ideal propagiert, sondern als Residuum einer Desillusionierung übernommen; der Naturzustand ist das, was zurückbleibt, wenn der Kontraktualismus und andere Legitimationstheorien verblassen. Der Einzige bleibt mit jenem Verständnis von Politik zurück, von dem sich der Kontraktualismus abwenden will: Politik als unsicherem und instabilem Kampf der Interessen und Interessendiskurse.

Die stilistische Technik Stirners ist weder synthetisch noch innovativ – es geht nicht darum, eine neue Sprache zu erfinden oder höhere Synthesen anzustreben. Anstelle einer neuen Sprache setzt Stirner neue Akzente, Sperrungen des Textes, eine eigenwillige Orthographie. Warum eine neue Sprache erfinden, wenn es doch diese fabelhaften Labels der Gegner und Kritiker längst gibt? Das beliebte Schimpfwort „Egoist" wird zum ironischen und stolzen Signum: Ich bin mir der Wichtigste und Einzige, niemand geht Mir über Mich. Mit der Großschreibung von Ich und Mein und Mir wird diese Annahme und Umwertung einer naiv egoistischen Sprache vollzogen. Aus dem

ohnehin praktizierenden Egoisten wird ein bekennender, froh-
lockender Egoist. Der Einzige zieht es vor, nicht zu heucheln,
weder tugendhaft noch religiös, obwohl er Lügen und Heu-
chelei nicht moralisch verdammt. Eigenheit hat zu tun mit Authentizität, Aufrichtigkeit, aber sie unterwirft sich diesen nicht
als „Pflichten", befreit sich vom Lockruf der „Circe der Philosophen" (Vgl. Nietzsche, *Nachgelassene Fragmente* 1887 9, S. 83
= KSA 12, S. 377 f.).

Stirners stilistische Technik unterscheidet sich von Hegels dia-
lektischer Integration von Widerlegungen und Widersprüchen,
um diese auf einer jeweils höheren Ebene zu versöhnen. Der
Verfasser ist nicht harmoniesüchtig. Er zielt nicht auf Versöhnung in höheren, supraindividuellen Ordnungen. Aus dem pri-
mitiven Egoisten wird ein bewusster, nicht ein „geläuterter"
Egoist und schon gar nicht ein Sozialist. Der Egoist bleibt, was
er ist und immer war – aus dem alten Adam wird kein neuer
Adam. Damit verweigert sich der Einzige auch der Zumutung
einer radikalen Umschaffung oder Erlösung der menschlichen
Natur. Am Ende des Lebens oder gar nach dem Leben bleibt
kein Trost; der beste Trost ist das Leben selber, das Leben im
Kampf für die Eigenheit und im Selbstgenuss.

Drei Missverständnisse müssen hier ausgeräumt werden:
Stirners *Einziger* beschränkt sich nicht auf ein einziges Stilmittel; vielmehr scheint er eine Vielzahl von Stilmitteln einzuset-
zen. Die Technik der Umwandlung von Fremdbezeichnungen in
Selbstbezeichnungen ist nur eine Technik unter anderen. Es
wäre falsch, Stirner jeden anderen Ansatz, auch den Ansatz zur
Entwicklung von konsistenten Argumenten, einfach abzuspre-

chen. Diese Haltung, die in Stirners Texten nur (seichte) Polemik und Rhetorik findet, ist nicht legitim. So grenzt sich Stirner gelegentlich von pejorativen Fremdbezeichnungen ab, z. B. vom „bornierten Egoismus" (vgl. EE, S. 82 = ed. Kast, S. 84). In solchen Abgrenzungen und Klärungen von Begriffen verwendet Stirner nicht die Technik der Aneignung von Fremdbezeichnungen.

Das zweite Missverständnis besteht darin, dass man glaubt, Stirner sei „nur" ein Provokateur und Satiriker; über Satire könne man aber nur satirisch reden. Dieses zweite Missverständnis verwechselt Texthermeneutik mit einer mimetischen Methode. Diese Verwechslung ist generell irreführend. So wenig wie die Untersuchung einer Tragödie selber tragisch ist, so wenig braucht die Untersuchung einer Parodie oder parodistischer Stilmittel selber parodistisch zu sein.

Ein drittes Missverständnis könnte daraus entstehen, dass man aus dem Text des *Einzigen* „seine" einzige Texthermeneutik ableitet. Dies kann dadurch geschehen, dass das parodistische Element auf Stirners Text angewendet wird. Wenn man das tut, dann entsteht daraus keine Deutung, sondern wieder eine Parodie. Ein solcher „hermeneutischer Revanchismus" ist nicht zu empfehlen; gelegentlichen hermeneutischen Suggestionen und Praktiken im Text blind zu folgen, macht den Leser zur Geisel des Textes und untergräbt die kritische Distanz. Stirner zitiert z. B. parodistisch aus der Bibel. (Vgl. EE, S. 180 = ed. Kast, S. 171) Soll man deshalb *en revanche* ebenfalls parodistisch aus dem *Einzigen* zitieren? Dort, wo sich eine Forschung etabliert hat, wie etwa in der weltweiten „Nietzscheindustrie", ist eine solche Reaktion längst verpönt. Nur weil Nietzsche Kant als den Chinesen von Königsberg tituliert, ist es kaum hilfreich, Nietzsches Texte mittels ähnlicher Witze zu kommentieren. Auch wenn Nietzsche selber gelegentlich als „plündernder Leser" agiert, empfiehlt es sich nicht, ihn selber auf diese „plündernde" Weise zu lesen.[5] Auch das, was man als Stirners Skizze einer extrem arbiträren Texthermeneutik lesen könnte, seine Kommentare zu den willkürlich variierenden Verwendungen der Bibel als Buchobjekt (vgl. EE, S. 376 f. = ed. Kast, S. 338 f.), empfiehlt sich nicht als Norm für den Umgang mit Stirners Text. Die Passage ist aber eine besonders gelungene Parodie und könnte Marx zur Verwendung seines Beispiels der Bibel zur Erläuterung von Gebrauchswert und Tauschwert im *Kapital* angeregt haben. Die Passage kann darüber hinaus Impulse geben für eine „postmoderne Hermeneutik", die den Glauben an die einzig richtige oder beste Interpretation eines Textes in Frage stellt.

Die Aneignung von *pudenda* ist eine rhetorische Methode, die sich auch gegen Stirner selber richten lässt, so wie sich der Skeptizismus gegen den Skeptiker zu wenden droht. Nur muss man dabei unterscheiden zwischen einem parodistischen und einem texthermeneutischen Umgang mit Texten. Die Gefahr der Selbstanwendung zeigt sich sofort, wenn jemand den *Einzigen* (parodistisch) gegen den Strich liest, z. B. als Selbstberau-

---

[5] „Die schlechtesten Leser. – Die schlechtesten Leser sind die, welche wie plündernde Soldaten verfahren: sie nehmen sich Einiges, was sie brauchen können, heraus, beschmutzen und verwirren das Übrige und lästern auf das Ganze." (Nietzsche, *Menschliches, Allzumenschliches* II, 1, S. 137 = KSA 2, S. 436) Nietzsches Diagnose ist auch kritisch anzuwenden auf seine eigenen voreiligen und oberflächlichen Lektüren anderer Autoren.

schungsrhetorik einer gekränkten Seele oder als Angebot für eine identifizierende Pubertätslektüre. Man wird dann den Einzigen ein Gespenst und Sparren nennen. Die spitze und überspitzte Kritik im Milieu der Junghegelianer hat einen Bumerangeffekt, wie etwa Feuerbachs und Bauers Reaktionen auf den *Einzigen* zeigen. Das Problem entsteht dadurch, dass alles zu Satire werden kann und dass die Grenzlinien zwischen Kritik und Satire gelegentlich fließend sind.

Die Aneignung von *pudenda* findet leicht Nachahmer, und zwar in der Form der „Na und?"-Reaktion. „Ich bin ein Gespenst, ich habe einen Sparren, ich bin ein braver Altruist, ein strammer Marxist – na und? Muss ich das intersubjektiv begründen?" Hinter dieser billigen Masche, Schimpfworte generell auf sich beruhen zu lassen, zeigen sich die Fallgruben des stilistischen Verfahrens.

Die Eigenheit gleicht einem zerbrechlichen und flüchtigen Gut, das leicht verloren geht – offenbar haben viele, vielleicht die meisten Menschen ihre Eigenheit verkauft, ohne genau zu wissen, was sie dabei verloren haben. Genuss, auch Selbstgenuss, ist vielleicht auch ohne Eigenheit, ja ohne Eigenheit intensiver und häufiger zu haben. Was ist denn so schlimm daran, ein „Sklave" (im weiten, auch metaphorischen Sinne) zu sein, wenn ich mich dabei gut fühle? Ist es wahr, dass Selbstgenuss und Eigenheit nur im harmonischen Doppelpack zu haben sind? Die vergnügten Untertanen, die Lust am Gehorsam oder die Freude an der lustvollen oder zumindest gleichmütigen Unterwerfung, die Zufriedenheit in Abhängigkeit, das tatenlose Murren und Nörgeln stellen nicht nur Stirner vor Probleme. Der Prozess der

„Empörung" ist eventuell sehr schmerzhaft und mit wenig Selbstgenuss verbunden. Die Utopie einer Welt von freiwillig assoziierten Eignern ist wahrscheinlich nur ein *pipe dream*. (Am Ende des *Einzigen* wird das Bild des rauchenden Zigeuners aus Lenaus Gedicht evoziert. Es stammt aus einer mythischen Zeit, in der das Rauchen noch nicht tötete.) Vielleicht bringt eine nachhaltige Kultivierung der Eigenheit einer Person mehr Unzufriedenheit, Lebensverkürzung und Stress als ein moderater Konformismus.

4 Der nachromantische Egoismus

Der Egoist, der sich nicht auf objektive Werte, nicht auf eine naturrechtliche Ordnung, nicht auf eine Moral und Religion der Vernunft stützt, ist – „Nihilist". Das wird genüsslich parodiert und adaptiert: „Ich hab' meine Sach' auf nichts gestellt." Weder eine transzendente Autorität, noch eine moralische Realität, noch eine philosophische Letztbegründung aus einem einzigen Prinzip im Sinne von Reinhold und Fichte werden geltend gemacht. Gleichwohl könnte man sagen, dass sich dieser Egoismus nicht vor allen anderen rechtfertigt, sondern nur vor sich selber. Insofern könnte man in Anlehnung an den exoterischen Fichte sagen:

> Der Glaube ist es, dieses freiwillige Beruhen bei der sich uns natürlich darbietenden Ansicht, weil wir nur bei dieser Ansicht unsere Bestimmung erfüllen können; er ist es, der dem Wissen erst Beifall gibt, und das, was ohne ihn bloße Täuschung sein könnte, zur Gewissheit, und Überzeugung erhebt. Er ist kein Wissen, sondern ein Entschluss des Willens, das Wissen gelten zu lassen [...] Ich habe meine Denkart zunächst für mich selbst angenom-

men, nicht für andere, und will sie auch nur vor mir selbst rechtfertigen. (Fichte 1993/1800, S. 112)

Der Egoismus ist in nichts begründet, und er ist nicht intersubjektiv begründbar, doch er ist real, ebenso real wie jede Person
mit Leib und Bewusstsein und ihrer Befindlichkeit, im Zentrum
der Welt, das Zentrum der Welt zu sein. Der Einzige, dem nichts
über sich selbst geht, ist nicht jenem universalisierenden und
kalkulierenden Eigennutz, nicht dem sog. aufgeklärten Egoismus, nicht dem Gesellschaftsvertrag als *deal* und Tausch in der
Verteilung von Nutzen und Lasten vergleichbar, sondern er
verkörpert einen lachenden, behauptenden, spielerischen Egoismus – ich habe ihn auch als „romantischen" Egoismus bezeichnet, sofern er sich aus dem Selbstgefühl des Leibes und
den Allmachtphantasien des Kindes entwickelt und mit der
kognitiven Entwicklung nur teilweise gebrochen und in Frage
gestellt wird. (Vgl. Wolf 2004)

Stirners Egoismus ist aber insofern „nachromantisch", als er
nicht auf Ahnung und Sehnsucht nach dem Unendlichen angelegt ist. Er wird auch nicht als unendliche Aufgabe der Selbst-
vervollkommnung oder Selbstüberwindung bezeichnet. Zwischen den Einzigen und sein Eigentum schiebt sich kein Sollen.
Der nachromantische Egoismus ist kein durch und durch er-
wachsener, reifer, resignierter Egoismus, sondern eher ein ju-
gendlicher Egoismus, der vielleicht auch als Panzer nach außen
funktioniert, der aus den Narben des gekränkten Narzissmus
entstanden ist. Er bringt die „ewige Jugend" zum Ausdruck,
wenn man von den christlich-platonischen Konnotationen des
Ewigkeitsbegriffes absieht, die in Schleiermachers Rede von

der „ewigen Jugend" mitschwingen. Es geht nicht um die Zeitlo-
sigkeit oder die höhere Weihe der Ewigkeit, sondern um die
typologische Abgrenzung dieses Egoismus gegenüber dem Egoismus der Borniertheit, der obsessiven Raffsucht und des
ängstlichen Altersgeizes. Wer wie Stirner schreibt, frönt dem
Egoismus der kreativen Pubertät und der expressiven Kraft, die
sich zum Beispiel im Singen eines Lieds äußert. (Vgl. EE, S. 331
= ed. Kast, S. 300) So gut wie alle realen und möglichen Denun-
ziationsformen eines solchen Egoismus werden aufgenommen:
er ist nicht „reif", nicht „moralisch und religiös gefestigt", nicht
„philosophisch begründet" und nicht „rational". Es ist jener
Juchhe-Egoismus des Zigeunerlieds (vgl. EE, S. 411 = ed. Kast,
S. 369, jene ‚Zigeunermoral'. *Épater le bourgeois*).

Im ersten Kapitel des *Einzigen* mit dem Titel „Ein Menschenle-
ben" befindet sich Stirner noch nicht so sehr im polemischen
Nahkampf mit Zeitgenossen und wendet seine Technik der
Übernahme von *stigmata* nicht an; vielmehr erläutert er seinen
Egoismus ernsthaft, indem er an seine Gedanken zur Entwicklung des Menschen und zur Pädagogik anknüpft, an die Idee
einer Willensbildung. Er vertritt bereits zwei Jahre früher vor
der Redaktion des *Einzigen* die Auffassung, „dass ich die Kraft
der Opposition geweckt, den Eigenwillen nicht gebrochen, sondern verklärt wissen will" (Stirner 1986/1842). Dabei soll es
nicht beim Verstand eines Kindes bleiben. (Vgl. EE, S. 247 = ed.
Kast, S. 229) Nicht der Knabe, nicht der Jüngling, sondern erst
der erwachsene Mann findet zu jenem bewussten und nicht
mehr bornierten Egoismus, der frei ist von Selbsttäuschung
und anderen Illusionen. Gerade dieser Anfang in der Erzie-

hungsschrift und im ersten Kapitel des *Einzigen* sollte hinrei-
chend beweisen, dass es Stirner mit dem Egoismus ernst ist,
dass es ihm nicht einfach um scherzhafte Übertreibung oder
Provokation geht. Weniger provozierend und missverständlich
wäre das Etikett eines „Personalisten".

> Wir bilden keine Gesinnung – zu unterscheiden, sage ich lieber,
> wir brauchen fortan eine *persönliche* Erziehung (nicht Einprä-
> gung einer Gesinnung). Will man diejenigen, welche diesem
> Prinzip folgen, wieder -isten nennen, so nenne man sie meinet-
> wegen *Personalisten*. (Stirner 1986/1842, S. 97)

Kennzeichen dieser Personalisten – dazu werden Martin Buber,
Rudolf Steiner, Max Scheler gehören, um nur einige große Namen zu nennen – ist die kompromisslose Rücksicht auf die un-
aussprechbare *intima persona*.

„Bringt aus Euch heraus, was in Euch steckt, bringt's zu Tage,
bringt Euch zur Offenbarung." (EE, S. 178 = ed. Kast, S. 169)

(Über die Paradoxien egoistischer Ratschläge bzw. Ermahnun-
gen an andere ließe sich vieles sagen.)

Stirners Egoismus setzt keine Seelensubstanz, keine Annahme
eines Egos als realer Substanz voraus. Wäre das der Fall, so
könnte seine Kritik an „Gespenstern" und „Sparren" allzu leicht
auf den Egoismus selber angewendet werden, es käme zu einer
Position, die man als *self-defeating* bezeichnet. Es geht im *Einzigen* nicht um die Behauptung des Egos als einziger oder letz-
ter substantieller Realität. Hätte sich Stirner überhaupt für Ontologie interessiert, dann hätte er allenfalls den Leib mit Affek-
ten und Interessen in seine Ontologie aufgenommen. Der Mate-

rialismus ist erdverbundener als der Idealismus oder Spiritua-
lismus, d. h. die Annahme einer vom Körper unabhängigen Seele.

Stirner hat aber keine Ontologie entwickelt. Die Auszeichnung
des Ichs und des Einzigen folgt unmittelbar aus der Kritik an
vermeintlich höheren, das Individuum übersteigenden Mäch-
ten. Der Einzige ist eine Konsequenz aus der Destruktion des
WIR; der Poet und Psychoanalytiker Antonio Cho formuliert
das in einem an Rilke erinnernden Refrain:

Ein jedes WIR ist schreck_lich.

Im WIR droht das Ich und das Du zu verschwinden, die *intima
persona* verliert ihr Gesicht. Das WIR ist wie „der Mensch" eine
Instanz ohne Antlitz. Das WIR ist jenem Abgrund vergleichbar,
von dem Ich und Du absorbiert werden. Dem Du kann Ich begegnen, dem WIR nicht. Der Einzige steht für eine permanente
Warnung vor den Ambivalenzen und Fallen des WIR, sofern sie
den Eigner ablenken, manipulieren, betäuben, schwächen und
entmachten.

5 Die Geschichte der Reaktion

In seinem wenig bekannten Buch *Geschichte der Reaktion*
(1852) widmet sich Stirner nicht der Bekämpfung oder gar
„Widerlegung" der Reaktion. Hier findet sich kaum mehr eine
Spur des polemischen Stils, der den *Einzigen* charakterisiert.
Vielmehr schreibt und dokumentiert er ein Stück Zeitgeschich-
te und vertritt dabei nur wenige „Thesen", die diesem Montage-
Werk einen gewissen Rahmen geben: Die Reaktion beginnt sich

quasi von der ersten Stunde der Französischen Revolution an zu formieren, als geistiges Prinzip und als Bewegung. Damit hat die Reaktion auch teil an einer gewissen Zäsur oder Diskontinuität der Geschichte, die durch den Beginn der Französischen Revolution bezeichnet wird, auch wenn es Teil der Konflikte ist, dass man sich nicht darüber einigen kann, wann genau sie begonnen hat, was mit der Französischen Revolution alles zu Ende geht und inwiefern sie ein Neubeginn der Tugend und des Rechts, der Religion und des Eigentums sein könnte.

Die Formierung der Reaktion braucht Zeit; sie läutert sich in einem Prozess der Abgrenzung und Selbstkritik zu einem „reinen Prinzip", das einem sich ebenfalls läuternden „reinen Prinzip der Revolution" gegenübersteht. Die Orientierung dieser Darstellung an der Herausbildung reiner Prinzipien in der Geschichte erinnert von ferne an Hegel. Obwohl Stirners Kritik an der Reaktion, insbesondere am Neupietismus und Jesuitismus zur Sprache kommt, erweist er sich keineswegs als ein Parteigänger der Revolution gegen die Reaktion. Dass er kein Anhänger irgendeiner Revolution ist, wurde bereits im *Einzigen* dargelegt. Er ist der Auffassung, dass eine äußere Umwälzung bedeutungslos bleibt, wenn ihr keine innere Umwälzung bzw. individuelle Empörung vorangeht. Auch in diesem Punkt gibt es vielleicht eine Nähe zu Hegel, etwa zu dessen Kapitel „Die Freiheit und der Schrecken" in der *Phänomenologie des Geistes*. (Vgl. Hegel 1970, 3, S. 431–441) Weder die besessenen Scharfmacher noch die Mitläufer von Revolutionen haben die Eigenheit, auf die es dem Einzigen ankommt. Allerdings gehen Hegels und Stirners Auffassungen über die christliche Religion und die weltgeschichtliche Bedeutung des Rechtsstaates diametral auseinander. Wie auch immer die Zeichen der Zeit zu verstehen sind: Es kann kein Zurück zu Hegel geben! Stirner bleibt bis zur letzten Zeilen „auf der Höhe der Zeit".

In der ersten Abteilung kommen, nach einem Resümee der Vorläufer unmittelbar vor dem Ausbruch der Französischen Revolution, kritische Kommentatoren zu Wort; darunter sind längere Texte von Burke, Comte, Gentz und Rehberg. Gentz und Rehberg sind heute noch indirekt bekannt: Gentz sowohl als Übersetzer von Burke als auch als Rezensent von Fichtes Revolutionsschrift von 1793, und Rehberg als Zielscheibe von Fichtes Polemik in der besagten frühen Revolutionsschrift. Kritische Stimmen wie z. B. die berühmten Attacken „Nonsense upon stilts" von Bentham und Tocquevilles kritische, zuweilen satirische Diagnosen der Vorgänge in der Nationalversammlung werden nicht erwähnt; vielleicht hat sie Stirner nicht gekannt. Sie gehören nicht zwingend in die Geschichte der Reaktion, obwohl es bemerkenswerte Überschneidungen zwischen der Kritik von Gentz und Bentham an der Deklaration der Menschenrechte gibt. Bentham kritisiert nicht die freiheitlichen und radikal-demokratischen Ziele der Revolution, sondern nur den naturrechtlichen Diskurs und dessen konfuse und – wie er meint – anarchistische Implikationen. Zumindest in diesem Abwehrreflex gegen Anarchismus könnte man auch einen Zug der Reaktion, aber auch einen Zug des Liberalismus sehen.

Paradigmatisch für die Reaktion sind Mirabeaus Bemerkungen über die Unmündigkeit des Volkes. Hier zeichnet sich die Linie jener ab, die als Verfassungsgeber, Vertreter der Stände und

„Legalisten" die Unmündigkeit des Volkes denunzieren. Der leise Beginn dieser Kritik wird sich in der zweiten Abteilung von Stirners Schrift verschärfen und verfestigen, und zwar in den ausführlichen Zitaten aus den Zeitungen und Zeitschriften der Reaktion wie der *Kronenzeitung* und der *Evangelischen Kirchenzeitung,* die sich als Antwort auf die revolutionären Nachbeben der dreißiger und vierziger Jahre profilierten. Die Kritik richtet sich gegen die Idee, dass die Französische Revolution nicht zu Ende sei, sondern sich als permanente Revolution oder „Prinzip der Revolution" als Volksbewegung in ganz Europa zu bewähren habe. Stirners Buch beschränkt sich in der zweiten Abteilung auf eine Dokumentation der Stimmen der Reaktion in Preußen, wohl weil ihm diese Dokumente am leichtesten zugänglich waren.

Das Urteil der Reaktion über die Revolution lautet in den Worten von Franz von Florencourt: Die Revolution ist ein Verbrechen. (II, 11, 31) Es geht der Reaktion um eine Zukunftsentscheidung für Staat und Recht, gegen eine politische Räuberbande. Hier wird das alte Bild von Augustin aufgegriffen, um die Legitimation der Autorität des Staates von angeblich illegitimen Formen der kollektiven Selbstautorisierung zu unterscheiden. Stirners Zusammenfassung der Entwicklung vom Konservatismus zur Reaktion lautet: „Verbrechen' war der konservative Urteilsspruch über die Revolution; ‚Sünde' ist ihr reaktionäres Verdammungsurteil." (II, 55)

Der preußische Historiker Heinrich Leo, Verfasser des Pamphlets *Die Hegelingen* (1838), aus dem bereits Bruno Bauer ironisch zitierte, analysiert in seinem Geschichtswerk (vgl. Leo

1853) die Problematik der Revolution folgendermaßen: Jeder
wollte eine Änderung für sich, ohne die Gegenrechnung der
systemischen Auswirkung zu machen. Hier findet sich also das
Klischee der Revolution als einer egoistischen Bewegung. Die
Revolutionsgeschichte erscheint wie eine Geschichte der Ne-
mesis; sie wird von Leo als Wirkung von Einzelnen und in der
Rückwirkung auf Einzelne beschrieben. Stirner braucht diese
Beschreibung nicht frontal anzugreifen oder kritisch zu kommentieren – sie steht vielmehr als etwas da, was er selbst aus
der Perspektive des Einzigen und dessen Egoismus beschrei-
ben kann, nur liegt für ihn darin keine reaktionäre Verunglimp-
fung der Revolution, sondern eher eine ideologiefreie Charak-
terisierung, ganz im Sinne seiner antagonistischen Auffassung
von Politik, in der sich nicht die Mächte von Gut und Böse, sondern Freund und Feind gegenüberstehen. Der Einzige ist selber
kein politischer Revolutionär – er kann als „freischwebender
Intellektueller" die Prozesse der Herausbildung des Prinzips
der Revolution und des Prinzips der Reaktion in ihrer Polarität
und in ihrem wechselweise bedingten Selbstläuterungsprozess
dokumentieren. Der Herausgeber und „Monteur" dieser Text-
collagen braucht nicht als überparteiliche Instanz oder auktori-
aler Halbgott einzugreifen, weder als Zensor noch als polemi-
scher Kommentator. Er schlägt keine Versöhnung vor, wie das
etwa Auguste Comte als Zeichen der Zeit versteht und theoretisch zu vollziehen versucht. (Vgl. Comte 2009/1855) Stirner
steht als Leser und Kommentator mitten drin in der nachrevo-
lutionären Entwicklung Preußens, der Steigerung des Nationalismus, der Entstehung politischer Parteien und der Polarisie-

rung; dem Revolutionstribunal korrespondiert ein „Reaktions-
tribunal"; es geht um politische Bewusstseinsbildung *in pro-
gress and in action.*

Die Reaktion wird von Stirner als eine historische Macht diag-
nostiziert. Gemeint ist damit nicht die pragmatische Geschichte,
in welcher einer Periode der Revolution (Einberufung der Ge-
neralstände Frankreichs 1789 bis zur Abdankung Napoleons
1814) eine Periode der Restauration folgt: von der wieder her-
gestellten Monarchie von 1814 bis zur Julirevolution von 1830.
Die Restauration ist innenpolitisch von der Wiedereinsetzung
der Bourbonen-Dynastie, außenpolitisch von der Heiligen Alli-
anz bestimmt. Die Reaktion deckt sich nicht mit der Wiedereinsetzung einer Dynastie, sie ist sogar eher und auch an der
Schwächung und allmählichen Eliminierung der Dynastien als
politischem Faktor beteiligt. (Vgl. Voegelin 2008, S. 248)

Das geistige Prinzip der Reaktion lässt sich nicht einfach der
Periode der Restauration zuordnen, denn einerseits hat sie
Wurzeln in den Auseinandersetzungen der Revolutionszeit,
andererseits wird sie das ganze 19. Jahrhundert bewegen bzw.
blockieren. Sie ist in den Worten von Eric Voegelin ebenso ein
Phänomen der Krise wie die Revolution. Die Reaktion schaut
nicht nur rückwärts, sie ist modernitätsbewusst und will die
Zukunft gestalten; sie propagiert keine Rückkehr zur absolutistischen Monarchie, sondern eine Befestigung der konstitutionellen Monarchie, einen „Strukturkonservativismus", der den
traditionellen „Ordnungskonservativismus" als Theorie der
societas civilis nur noch als kleinen Anhang akzeptiert. Das
Machtverhältnis zwischen Reaktion und Konservativismus hat

sich nach Stirners Diagnose umgekehrt: War die Reaktion einst ein kleiner Fortsatz des Konservativismus, so wird sie jetzt zur Haupt- und Massenbewegung, die sich die konservativen Parteien als Anhänger und Mitläufer einverleibt.

Die Reaktion ist eine Weiterführung und Überspitzung jener Elemente des Liberalismus, die Stirner im *Einzigen* attackiert hat, u. a. des übertriebenen Sekuritätsdenkens, das auf Lust und andere Vorteile verzichtet, um dafür mehr Sicherheit zu erlangen. Die Reaktion formiert sich als Kampf, an dem sich verschiedene reagierende Akteure beteiligen. Selbst der Antimodernismus der katholischen Kirche ist, jedenfalls in Preußen, nicht mehr zentral. Ob der Katholizismus reaktionär sei, wird in einem Artikel der Evangelischen Kirchenzeitung diskutiert. (vgl. Stirner 1852, II, S. 188) Die dominierende Politik, wie sie später von Bismarck repräsentiert wird, besteht in einem Dreifrontenkrieg gegen Liberale, Jesuiten und Sozialdemokraten. Ein Reflex dieser kulturkonservativen Position findet sich etwa in den Schriften Eduard von Hartmanns, der sich als „Philosoph der Gründerzeit" einen Namen machen wird.

Was Bruno Bauer und Stirner seit dem Verpuffen der Energien des Vormärz seismographisch wahrnehmen, sind die Verschiebungen der Linien zwischen Kampfparteien, die sich – in der Erinnerung an die verschiedenen Phasen der Französischen Revolution – auch eng umschlungen halten, gleichsam umklammern. Die kirchlichen und religiösen Stimmen der Reaktion stützen sich auf evangelikale, neupietistische Reflexe, die das Rad der Geschichte nicht zurückdrehen möchten, auch wenn sie mit den Anfängen der Reformation liebäugeln und sich etwa mit einem idealisierten Bild von Friedrich dem Großen einreden, die Revolution der Aufklärung und der Meinungsfreiheit habe in Deutschland „im Wesentlichen" bereits stattgefunden. Diese Idealisierung findet sich bereits bei Kant, Fichte und Hegel, etwa in der Form der Argumentation, dass eine gewaltsame Revolution auf deutschem Territorium nicht nötig sei, weil die Revolution durch die Reformation und die Aufklärung schon vollzogen sei und nur noch einer Vertiefung durch eine geistige Revolution bedürfe. Nach Stirner braucht es nicht notwendigerweise eine Fortsetzung der Revolution, sondern vor allem die direkte Aktion der Empörung. Sie besteht darin, dass sich Menschen nehmen, was sie brauchen. Sie wollen z. B. mehr als nur Pressefreiheit – sie brauchen Pressefrechheit, Presseeigenheit. Sie wollen weniger Steuerlasten und praktizieren Schwarzhandel und Schmuggel.

Die Reaktion ist in ihrem Kern nicht im alteuropäischen Sinne konservativ, sondern sie versteht sich als das notwendige Gegengewicht zu den „Verirrungen der Revolution". Sie wird, von der Bourgeoisie gestützt und getrieben, antiliberal und nationalistisch.

Das Volk wird in den Organen der Reaktionen immer das „sog. Volk" genannt, als wäre das Volk eine Fiktion, eine Konstruktion der Ideologen, und nicht eine Realität. Umgekehrt wird die Französische Revolution als eine Realität bezeichnet, obwohl uns die Historiker darüber belehren, dass sie viel von einem Begriff oder Symbol an sich hat.

Das Jahr 1789 darf als Symbol und Konzentrat für die ganze Revolution genommen werden [...] Frankreich durchläuft schon in diesem einen Jahr beinahe alle Stadien eines revolutionären Prozesses mit seinen Aufschwüngen, seinen Ängsten, seinen Gegenzügen. Spürbar ist vorerst Willenskraft, viel Willenskraft, die aktivierungsbereit angesammelt auf Realisation lauert. Aber auf was hin, auf welchen Wegen, mit welchen Hauptwirkungen etwas ins Werk gesetzt werden soll, das tritt erst mit dem Handeln selbst allmählich hervor. Das Bewusstsein dessen, was man eigentlich tut und was einem geschieht, ist, wie häufig in historischen Großgeschehnissen, verdunkelt. Das eigene Tun wird maßlos überschätzt, wird grob unterschätzt. (Eichenberger 1990, S. 24)

Im ersten Teil der *Geschichte der Reaktion* zitiert Stirner eine Erzählung des Deputierten Mounier. Hier wird die Umwandlung einer Ratssitzung von einer feierlichen Sitzung der Standesvertreter zu einem Volksfest beschrieben, in dem sich Männer und Weiber – vor allem Weiber! – bemerkbar machen, die Brot, Wein und Liköre austeilen. Zu den Anfängen der Geschichte der Reaktion gehört diese Anekdote der Ausartung der Revolution von einem feierlichen Geschäft der Delegierten und Verfassungsgelehrten in ein übermütiges Volksfest, dessen Ende nicht abzusehen ist und das die rituelle Dramaturgie einer verfassungsgebundenen Versammlung stört. Das Szenario einer Revolution als Volksfest provoziert die Frage, welche die Reaktion beschäftigt, nämlich wie die Revolution zu bändigen und zu beenden sei.

Stirner weigert sich, die Reaktion durch einen Kult des Volkes und die Stilisierung der Revolution als Volksfest zu „widerlegen". Er hält sich in Äquidistanz zu den reinen Prinzipien der Revolution und der Reaktion. Seine kritischen Vorbehalte gegen Revolution und Reaktion hat er bereits im *Einzigen* auf den

Punkt gebracht. In der *Geschichte der Reaktion* beschreibt er die Etablierung der Reaktion als einer historischen Macht mit Gleichmut, weil ihn das Argument der historischen Macht nicht überrascht. Tagespolitik ist Machtbehauptung, Machtergreifung und Ablösung des Machtpersonals; ihr kann sich keine „bessere" Politik entgegensetzen, sondern nur die Eigenheit und der Eigensinn des Einzigen. Politik ist Kampf, sowohl der Kampf der Parteien als auch der Kampf des Einzigen gegen jene, die seine Freiheit beschneiden. Mit der Parteienbildung verlieren die politischen Bewegungen etwas von ihrer Unbefangenheit als Verkörperung eines reinen Prinzips. Dass der Liberalismus in Deutschland, der auch von der Erinnerung an die republikanische Ordnung nach dem Vorbild der liberalen konstitutionellen Monarchie von 1789 bis 1792 in Frankreich zehren konnte, mit der Gründung einer nationalliberalen Partei zu einem Seitenflügel der Reaktion degeneriert, soll hier nur am Rande erwähnt werden.

Stirners *Geschichte der Reaktion*, vier Jahre vor seinem Tod erschienen, ist ein Torso geblieben. Weitere Teile waren geplant, sind aber nicht zustande gekommen. Seine unfertige Gestalt hat auch etwas zu tun mit der verkürzten Lebensdauer eines „unruhigen Kopfes", dem es nicht gelang, sich in der bürgerlichen Welt zu etablieren. Es steht da als eine redaktionelle Ruine, die in meiner Bibliothek neben Gustav Landauers zweibändiger Sammlung *Briefe aus der Französischen Revolution* ihren festen Platz hat. Beides sind zeitgeschichtlich wertvolle Kompilationen von Texten, in der sich Begeisterung und Skepsis gegenüber der Französischen Revolution verschränken.

Stirner hat seine Kritik an der Reaktion im *Einzigen* in eine Frage gekleidet.

„Geht über den Ordnungssinn nicht der Eigensinn verloren?" (EE, S. 245 = ed. Kast, S. 228 = transl. Leopold, S. 198 „Is not self-will being lost while we attend to the will for order?")

6 Anwendungen?

Stirners Schriften finden keine unmittelbare Anwendung. Dazu sind sie zu sperrig, zu sehr der Anwendung und Nutzung entzogen. Überdies stehen sie in einem Zeitkontext und einem Bezug zu vielen Schriften. Sie haben oft primär einen Bezug zu anderen Büchern. Obwohl sie das Pathos eines Traditionsbruchs und eines Neuanfangs haben und die hyperbolische Formel einer „Selbsterschaffung der Person" enthalten, sind sie erstaunlich buchbezogen, „surprisingly bookish". Sie pflegen wie der eingangs erwähnte Don Quijote einen „rapport livresque au monde". Darüber hinaus hat insbesondere der *Einzige*, aber auch Stirners Rezension *Das unwahre Prinzip unserer Erziehung oder: Humanismus und Realismus* eine vielfältige Rezeption, ein lang anhaltendes Echo. Dieses Echo wird überall – wissentlich oder unwissentlich – erklingen, wo es um Angelegenheiten von Minderheiten geht. Stirner hat es auf den Punkt gebracht: Die letzte und schwächste Minderheit ist das Individuum. Die Selbstbehauptung des Individuums richtet sich gegen alle „Heucheleien von Gemeinschaft", gegen jeden Vorwand, um den Willen des Einzelnen möglichst früh zu brechen oder zu zerstören. Dazu gehören auch die Versuche, Menschen möglichst früh als Männer oder Frauen zu prägen, als wäre ein drittes Geschlecht eine Sünde gegen die Natur. In diesem

Kampf gegen die künstliche Herstellung einer Geschlechtsidentität als Zugehörigkeit zu einer Klasse ist sogar die Erfindung eines dritten Geschlechts problematisch. Warum sollte es nur drei Geschlechter geben? Kann nicht jeder, der es will, sein eigenes Geschlecht haben? Dies ist ein Gedanke, der sich als Verlängerung von Stirners Denk- und Sprechweise fast unvermeidlich einstellt. Er findet sich als Motto auf der Homepage von Dr. Dan Christian Ghattas: „Ich habe ein Geschlecht – mein eigenes." Dies ist eine mögliche Antwort, nicht auf die Frage: „Was ist der Mensch?", sondern auf die Frage: „Wer bin ich?" Ob der Verfasser dieses Mottos dabei an Stirner denkt, ist egal – das Motto klingt wie ein Echo auf den *Einzigen und sein Eigentum*. Ein solches Echo ist mehr als nur eine Imitation und ein Zitat: es ist eine Neuerfindung, die zu jeder Zeit wieder stattfinden kann.

Literaturverzeichnis

Arvon, H. (2012): Max Stirner. An den Quellen des Existenzialismus. Rangsdorf: Basilisken-Presse [franz. OA Paris: PUF 1954].

Bauer, B. (1841): Die Posaune des Jüngsten Gerichts über Hegel. Leipzig: Otto Wigand.

Bauer, B. (1842): Hegels Lehre von der Religion und Kunst. Leipzig: Otto Wigand.

Cervantes, M. de Saavedra (1937/1605/1615): Don Quijote. Übersetzung von Ludwig Braunfels, 2 Bände. Zürich, Prag, Wien: Büchergilde Gutenberg.

Cho, A. (2007): außer dem nichts. Zur Kunst von Eigensein des Egoismus Philosophie Theologie Poetik ein Palimpsest. Zürich: skepsis verlag.

Comte, A. (2009/1855): Appel aux conservateurs. Édition établie, annotée et présentée par Frédéric Dupin. Paris: Éditions du Sandre.

Defoe, D. (1985/1709): Robinson Crusoe. Deutsch nach Karl Eberhard. Zürich: Diogenes 1985.

De Ridder, W. (2011): Max Stirner: The End of Philosophy and Political Subjectivity, in: Max Stirner. Edited by Saul Newman (Critical Explorations in Contemporary Political Thought, Series Editor James Martin). Houndmills, Basingstoke, Hampshire, London, New York: palgrave macmillan, pp. 14–164.

Derrida, J. (1967): De la grammatologie. Paris: minuit.

Eichenberger, K. (1990): Verfassungspolitische Grundlegungen in der Französischen Revolution. In: Die Große Revolution. 1789 und die Folgen. Hrsg. von Hanno Helbling und Martin Meyer. Zürich: Verlag Neue Züricher Zeitung, S. 24–31.

Fichte, J.G. (1993/1800): Die Bestimmung des Menschen. Stuttgart: Reclam.

Hegel, G.W.F. (1988/1807): Phänomenologie des Geistes. Hamburg: Meiner.

Hegel, G.W.F. (1995/1820): Grundlinien der Philosophie des Rechts. Hamburg: Meiner.

Jacobi, F.H. (1926): Die Schriften Friedrich Heinrich Jacobis. Hrsg. von Leo Matthias. Berlin [zitiert als Jacobi].

Korfmacher, W. (2001): Stirner denken. Max Stirner und der Einzige. Wien: Karolinger.

La Boëtie, Étienne de (2009/1574): Von der freiwilligen Knechtschaft. (Entstehung vermutlich um 1550). Übersetzung von Gustav Landauer. Hrsg. und mit einem Vorwort von Ulrich Klemm. Frankfurt a.M.: Trotzdem Verlagsgenossenschaft.

Lachmann, B. (1978): Protagoras, Nietzsche, Stirner, 3. Auflage. Hamburg: Verlag der Mackay-Gesellschaft.

La Fontaine, J. de (1987): Sämtliche Fabeln. Französisch und deutsch. Mit den Illustrationen von Grandville. München: Winkler Weltliteratur.

Landauer, G. (1919): Briefe aus der Französischen Revolution, 2 Bände. Frankfurt a. M.: Literarische Anstalt Rütten & Loening.

Laska, B.A. (1997): „Katechon" und „Anarch". Carl Schmitts und Ernst Jüngers Reaktionen auf Max Stirner (Stirner-Studien Nr. 3, April 1997). Nürnberg: LSR-Verlag.

Lehmann, G. (1926): Stirners Theorie der Reaktion. In: Geisteskultur. Monatshefte der Comeniusgesellschaft für Geisteskultur und Volksbildung, Band 35, wieder abgedruckt in: Der Einzige. Vierteljahresschrift des Max-Stirner-Archivs Leipzig (Gerhard Lehmann zum 100. Geburtstag), Nr. 4 (12) 3. November 2000, 35–42 [Lehmann weist auf bedeutsame Übereinstimmungen Stirners mit Schleiermacher Ethik hin, etwa im Gebrauch des Wortes ‚aneignen'].

Leo, H. (1838): Die Hegelingen. Halle: Eduard Anton.

Leo, H. (1853): Die Geschichte der neueren Zeit bis zur Französischen Revolution enthaltend, Lehrbuch der Universalgeschichte: zum Gebrauch in höheren Unterrichtsanstalten. Halle: Eduard Anton.

Lindau, H. (1912) (Hrsg.): Die Schriften zu J.G. Fichtes Atheismus-Streit. München: Georg Müller.

Lueken, G.-L. (2008): Sprachkritik und Ironie. Verwandte Figuren bei Stirner und Rorty. In: Der Einzige. Jahrbuch der Max Stirner Gesellschaft. Zur Aktualität der Philosophie Max Stirners, hrsg. von Bernd Kast und Geert-Lueke Lueken. Leipzig: Verlag Max Stirner Archiv/ edition unica, S. 99–117.

Marx, K./Engels, F. (1990): Die Deutsche Ideologie. In: MEW Band 3.

McLellan, D. (1969): The Young Hegelians and Karl Marx. London, Melbourne, Toronto: Macmillan.

Newman, P. (2011): Stirner's Ethics of Voluntary Inservitude, in: Max Stirner. Edited by Saul Newman (Critical Explorations in

Contemporary Political Thought, Series Editor James Martin). Houndmills, Basingstoke, Hampshire, London, New York: palgrave macmillan, pp. 189–209.

Nietzsche, F.W. (1980): Sämtliche Werke. Kritische Studienausgabe. Berlin, New York: de Gruyter [KSA].

Rousseau, J.-J. (2010/1762): Profession de foi du vicaire savoyard. Édition de Bruno Bernardi. Dossier de Gabrielle Radica. Paris : Flammarion (GF) [Auszug aus dem vierten Buch von Rousseaus Émile].

Schleiermacher, F.D.E. (1978/1800): Monologen. Hamburg: Meiner.

Schopenhauer, A. (1971): Gespräche. Hrsg. von Arthur Hübscher. Stuttgart-Bad Cannstatt: Friedrich Frommann Verlag Günther Holzboog KG.

Schuhmann, M. (2007): Die Lust und die Freiheit. Marquis de Sade und Max Stirner. Ihr Freiheitsbegriff im Vergleich. Berlin: Karin Kramer.

Schuhmann, M. (2011): Radikale Individualität. Zur Aktualität der Konzepte von Marquis de Sade, Max Stirner und Friedrich Nietzsche (Edition Moderne Postmoderne). Bielefeld: transkript.

Steiner, G. (1997): Der Garten des Archimedes. Essays. München, Wien: Edition Akzente, Hanser Verlag.

Steiner, R. (1893): Philosophie der Freiheit. Berlin (GA 4).

Stirner, M. (1972/1845): Der Einzige und sein Eigentum. Stuttgart: Reclam [zitiert als EE].

Stirner, M. (1986/1842): Das unwahre Prinzip unserer Erziehung oder: Humanismus und Realismus. In: M. Stirner: Parerga, Kritiken, Repliken. Hrsg. Von Bernd A. Laska, Nürnberg: LSR-Verlag.

Stirner, M. (2009/1845): Der Einzige und sein Eigentum. Ausführlich kommentierte Studienausgabe. Hrsg. von Bernd Kast, München, Freiburg: Alber [zitiert als ed. Kast].

Stirner, M. (1852): Geschichte der Reaktion. Berlin: Allgemeine deutsche Verlagsanstalt.

Stowasser, H. (2010): Leben ohne Chef und Staat. Träume und Wirklichkeit der Anarchisten, 5. Auflage. Berlin: Karin Kramer.

Stulpe, A. (2010): Gesichter des Einzigen. Max Stirner und die Anatomie moderner Individualität. Berlin: Duncker & Humblot [980 Seiten].

Tomas, P. (2011): Max Stirner and Karl Marx: An Overlooked Contretemps, in: Max Stirner. Edited by Saul Newman (Critical Explorations in Contemporary Political Thought, Series Editor James Martin). Houndmills, Basingstoke, Hampshire, London, New York: palgrave macmillan, pp. 113–142.

Voegelin, E. (2008): Die Krise. Zur Pathologie des modernen Geistes. München: Fink.

Walzer, M. (1999): Vernunft, Politik und Leidenschaft. Defizite liberaler Theorie (Max Horkheimer Vorlesungen). Frankfurt a.M.: Fischer.

Wolf, J.-C. (2004): Ethischer Egoismus. Hauptartikel, Kritiken und Repliken. In: „Erwägen, Wissen, Ethik" (vormals Ethik und Sozialwissenschaften, Streitforum für Erwägungskultur), hrsg. von Frank Benseler, Bettina Blanck, Reinhard Keil-Slawik, Werner Loh. Stuttgart: Verlag Lucius, 15, 4, S. 513–590.

Wolf, J.-C. (2008): Egoismus von unten gegen Bevormundung von oben. Max Stirner neu gelesen (= Stirneriana, Band 30), 2. Auflage. Leipzig: Max Stirner Archiv.

Wolf, J.-C. (2010a): Bruno Bauers Posaune des Jüngsten Gerichts. In: Utopie und Apokalypse in der Moderne, hrsg. von Reto Sorg, Stefan Bodo Würffel. München: Wilhelm Fink, S. 119–128.

Wolf, J.-C. (2010b): Stirner zitiert Bauer. In: Bruno Bauer. Ein „Partisan des Weltgeistes?", hrsg. von Klaus-M. Kodalle und Tilman Reitz. Würzburg: Königshausen & Neumann, S. 211–227.

Wolf, J.-C. (2010c): Paternalismuskritik als Herrschaftskritik bei Max Stirner. In: Der Einzige. Jahrbuch der Max Stirner Gesellschaft. Die Max-Stirner-Rezeption im Werk von Ret Marut/B.

Traven. Gemeinsame Tagung der Traven- und der Max Stirner Gesellschaft. Hrsg. Von Maurice Schuhmann. Leipzig: Verlag Max Stirner Archiv/ edition unica Leipzig. S. 245–256.